「男の色気」のつくり方

潮凪洋介
Yosuke Shionagi

あさ出版

プロローグ

人生一度きり
——「オスとして勝ち組」になれ！

「求められる男」と「望んでも受け入れられない男」

世の中には2種類の男がいる。

「色気のある男」と**「色気のない男」**である。

色気のある男は、常に女性からの注目、興味、あるいは接触意欲を集め続ける。

はっきり言おう。

この世の中の男性には、**「女性からの需要格差＝色気格差」**が確実に存在している。

女性を惹きつける「色気格差」である。**女性からの興味は「色気のある男」だけに一極集中する。**

彼女がいようがいまいが、結婚していようがいまいが、そんなことは関係ない。

女性は「色気男」をまるで蜜を探す蝶のように求め続ける。

モテる男だけに世の中の女性の多くの興味は集まる。そして、そうでない男には、女性からの興味はほとんど向けられない。

これが現代の**「恋愛格差問題」**である。
世の中には**完全なる「階層=ヒエラルキー」が存在する。その頂点に君臨するのが本書で解説する「色気男」たち**である。

金を大量に使うわけでもない。

むちゃくちゃイケメンというわけでもない。

肩書きを言うわけでもない。


それなのに、**「遊ばれてもいいから腕をからませたい」「ハグのついでにフレンチキスをしたい」**。女性をそんな気持ちにさせる存在。**「肩書き」や「収入」「学歴」などの条件を軽々超えた、「メスを引き寄せるオスの魅力」を持つ男たちの群れ**である。

金や肩書きや社会的地位はあるけれど、「色気はない」「(それがなくては)女性に好まれない」――そんな男は「色気男」ではない!

色気男たちのもとに堕ちてゆくのは出会いに飢えた、枯れかかった女性ではない。

競争率が高そうで、「いい女オーラのある女性」が堕ちてゆく。

「色気のあるオス」にしか起こらない〝奇跡〟

これまでにあなたは、盛り場での**「突発的な色恋沙汰《アバンチュール》」**を味わったことがあるだろうか？

その答えがノーならば、あなたはこの先もずっと、それを味わえない可能性が高い。少なくとも、自分を変える覚悟をしなければ、それは難しいだろう。今のままでは難しい。

会社のつきあいなどで、色気のない男性たちと一緒に合コンに行こうが、パーティに行こうが、鼻息を荒くして「何かないかな～」と切望しても、その予兆とすら遭遇できない。

仕方ないからキャバクラに行く。お金を払って相手をしてもらう――それがオチである。

男女の突発的なアバンチュールは、「色気のある男」のところでしか起こらない。

逆に言えば、女性にモテる「色気男」は、このアバンチュール＝「突発的な色恋沙汰」を毎日のように体験している。

女性がやられるのは、話術でも金でもない

本書を執筆しながら私は毎週、夜の出会いの場所に30代から40代の色気男たちと顔を出し尽くした。

夜もふけ終電が終わった頃、いつものシーンがまた繰り広げられる。

ちょっとプライドが高そうな、雑誌から飛び出してきたような外見の20代のアパレルショップ店員の女性が、会ったばかりの、「色気男（45歳）」にしなだれかかり始める。あるいはヒザに座っている。

「ワイルドな女」「やんちゃな女」を演じ、楽しむ場を見つけたよう。居心地のよさそうな顔をしている。

酒はさらに進み、止まるところを知らない。

「今日は飲むわよ！」――今宵を楽しみ切るスイッチが完全に入る。

やがてセクシートークが始まる。

まじめな人は、よく目を見開いて読んでほしい。

互いに「彼氏彼女がいるのか、いないのか」「結婚しているのか、いないか」など、そんな話題に触れる時間など、ここには一秒もない。

仕事の話もタブー。ここはファンタジー、日常を忘れる場所だ。

マニュアル男からのアプローチを、情けのかけらもなくスルーしている女性たち。

そんな手ごわい彼女たちが自分から前のめりになり、色気男との恋愛ごっこに酔いしれている。一時間後、一組、二組と、夜の闇に消えてゆく――。


翌日、闇に消えていった女性の何人かに、電話をしてこんな質問をしてみた。

「どうして彼が良かったの？」

すると、こんな意味の答えを返してくれた。

「雰囲気が良かったから」

なんとも抽象的な答えに、私はとまどった。

しかし、彼女たちにとってはこれがとても重要なのだという。

「彼には安心できる開放感があったから。そのへんの40代じゃないわ」

そんな名言を30代前半の女性(映像ディレクター)が残してくれた。

「思い切り、はしゃがせてくれるから」

そんな意見もあった。


さて、ここであることが明確になった。

「男の色気」とは、つまり雰囲気のことなのである。

見た目でもなく、話術でもなく、金でもなく、「雰囲気」というただの「空気」に女性はやられているのである。

女に「色気があって心地いい」と感じさせる男とは

盛り場で出会った30代後半の色気男と毎週末クラブに踊りに行き、そのまま深夜デートをする20代のメイクアップアーティストの女性。

ある週末、彼女にこう聞いてみた。

「あの人奥さんもいるし、いいおじさんなのにどうしてつきあってるの？　キミも彼氏いるよね？」

すると、彼女は答えた。

「色気があって心地いい」

私はもっと踏み込みたかった。ほかの言葉も期待したかった。

しかし、彼女は「そうとしか表現のしようがない」のだという。

「ドラッグなどで釣られているのか？」、私の想像はさらに膨らんだ。

そんなことはまったくなかった。彼らは、善良な男たちばかりだった。

見た目、肩書き、話術などを飛び越えて、女性の本能を包み込み、理由などなく、女性の欲望スイッチを入れてしまう。

この色気の魔法を手に入れたい! 「興奮度の高いドラマの主人公」になりたい!

そう素直に思える人は、ぜひこのまま読み進めてほしい。

「男と女の生リアル」はいつも建前の後ろ側で動く!

私自身、これまで無数の衝撃をくれた「色気男」たちに心から感謝している。本当に多くの希望をもらったし、魔法を信じさせてくれた。

この世の中には教科書通りではない、常識を超えた男と女のパラダイスが存在している――。

それを10代で知り、そして今に至る。

女性の暮らしのなかに、輝きと光とアドベンチャーとドラマを提供する一般人サプライヤー。

女性は逃避行し、日々の建前の生活では満たされない欲求や願望の不満を彼らで帳消しにする。

建前の後ろ側で、「男と女の生リアル」はすべて動く。この**女性の欲望を動かす、女性の建前の後ろ側のホンネを動かすもの。それこそが「男の色気」**なのである。**男の色気が、世の中を密やかに動かしている。**

色気のある、絶世の美女も「男の色気」に勝てない。

女性から必要とされる男、されない男

ここで大切なことを一つ。

それは、**色気男は与える存在であるということ。**女性が色めき華やぎ、よろめくための「空気」をプレゼントしている。

女性はその空気を吸い、ときに身にまとい、女であることを噛み締め喜ぶ。

仕事や、決まり切った恋や結婚生活のメニューにはない、裏メニュー的な本当の幸

せを堪能する。

色気男の生活習慣、行動習慣を本書から学び、ぜひ人生に役立ててほしい。

閃光《せんこう》のように輝く瞬間の創造者でありながら、はかなくも、刹那な生き様。その色気男の世界を、あなたはこれから垣間見ることになる。色気男とは？　色気男になるには？

さらにじっくり、ここから、解説してゆきたい。

目次

プロローグ

人生一度きり――「オスとして勝ち組」になれ！

1章 この「態度」が女を魅了する

2章

「完璧」は女を遠ざける

3章 色気男は色気男の群れを持つ

4章 今日から〝これ〟を変えてみよう！

5章 世界の半分は「女」である

6章 こんな男には絶対なるな！

本文デザイン／萩原弦一郎
橋本雪
（デジカル）

1章

この「態度」が女を魅了する

30歳を過ぎたら「色気のある言葉」で話す

色気のある男は、自分の言葉で話す。自分の言葉で話すからこそ、そこに「色気」が漂う。

なぜ自分の言葉で話すだけで、「男の色気」が漂うのか？

――それは**自分で考えて紡ぎ出した言葉には、思いが宿る**からだ。

思いが宿った言葉を発するとき、人の表情には生気が宿る。動きが出る。思いが言葉と表情としぐさに乗って、相手の心に届く。

これがセクシーなのである。

しかし、どこかから借りてきたような言葉や、まるで教科書に書いてあるようなことを、そのまま口にしてしまうと、色気はたちまち霞んで消える。

無味乾燥、予測通り、想定内、棒読み、ひねりなし、単調な言葉、本当に思っているのかどうかわからないような口調……。こんな話し方には色気は宿らない。

たどたどしくとも、自分の頭に思い描いた絵を、自分の言葉で一生懸命に話す。

それが習慣化された男性は、女性に対して色気を感じさせる。

遊びの話、仕事の話、趣味の話、あるいは恋する気持ち、目の前の女性がいかに魅力的かを語る言葉――。

30歳を越えたら、自分の言葉で語れなければ、モテ度はそこで止まる。

会社で普段使っているマニュアルトークや、使い古された営業トーク、あるいは狭い仲間内でのマンネリ化した工夫のないトーク。

これらをやめて、あなた自身が仕事を通じて感じる、達成感や恍惚感だけに意識を集中し、**「自分の言葉で語り尽くせる人」**になろう。

これだけであなたの色気は、数段パワーアップするはずだ。

たとえば住宅を建築する会社に勤めていたり、あるいは設計士をしている方であれば、こんな言葉に思いを込めて語ってはどうか。

「お客さんの要望を聞いてそれを図面に起こし、住みたい家に住まわせてあげたいって思うんだ。希望に沿った設計図を見せたとき、そして実際に家が完成したときの嬉しそうな顔。そして感謝の言葉に勝る達成感はないなあ。

お客さんの夢を叶えてあげられた。そして感謝された。その瞬間にこの仕事をやっていて本当に良かったなって思うね」

これだけで、経験と自信と過去に味わったドラマなどのあらゆる感情が、表情や言葉やしぐさなどを通じて「色気」となって立ち上る。

自分の言葉で語るのは趣味やボランティア活動、あるいはプライベートで大切にしていることでも、もちろんよい。自分の言葉でいつでも話せるように、定番のセリフを一つや二つ暗記しておこう。

自分の言葉で話す男に色気は宿る

「口下手な男」に女は萌える

「俺は口下手だし……」という人がいる。しかし、そんな人こそ「色気男」になる素質がある。**女性はあまり口数の多くない男性に、なぜか萌える生き物だ。女性の心を開き、セクシーな気分にさせたいなら、あえて口数を少なくすればいい。**

事実、私の知っている「色気男」には、むしろ饒舌な男のほうが少ない。

そして、自己顕示欲の強い、饒舌なモテ男に飽きた女性がこぞって彼らを求める。

「男はベラベラ話さないほうがいい」――この真髄は今も昔も、あまり変わらない。

もちろん、打てば響くような会話をしていてもいいが、ときには相手を少しだけ攻撃するような、相手の質問を少し冷たくかわすような「ニヒルな」、そして「少し意地悪な」リアクションを返してみてほしい。

少し「不思議君」になるくらいでちょうどいい。

「言葉も多くない。会話のテンポも良くない。饒舌ではない」――そんな状況で、どうやって女性のハートに火をつけるのか？

色気のある男は心で会話する。言葉数は少なくとも、心のなかではしっかり相手の話題に寄りそう。

そうすれば、眼球の動きや、うなずき、あるいは体の角度などから「真剣に聞いている」ということは伝わる。そしてポイントは何より、男が言葉を発しないことによりできる会話の空白――つまり「間《ま》」である。

女性はこの「おかしな間」を好む。最初はこの「間」に対して不安になり、女性の心は揺さぶられる。しかしそれはやがて、考える余裕に変わっていく。

そうこうするうちに、ある特有のゾーンに入り始める。あなたとより良好な会話をするために、そこに生まれた沈黙を言葉で埋めようとして饒舌になるのだ。

女性は、自分の会話に酔いたい生き物だ。話しながら、快楽ゾーンに墜ちていく自分が嫌いではない。

これなら、口下手で、「聞き役」にまわるしかない男にもできる。

女性は男の中身や魅力に、のめり込んでいるのではない。居心地のよいその〝空気〟に好感を持つのである。

これが恋の始まりをつくる。

「考える時間をくれる」――この余裕と色気が女性たちに、心地よさと安心感を与える。これが、口数の少ない男が、モテる理由である。

女性は「自分の会話」に酔いたい生き物

あなたは「しゃべりすぎ」ではないだろうか？　たしかに女性は「話題づくり」ができない男性に対し「ムカつく」。

しかし、女性の心をつかむためには、「しゃべりすぎ」は御法度。「長くて饒舌な会話術」はいらない。たくさん話したい欲求をぐっと抑えに抑えて、リアクションにまわる。

これだけであなたの色気は、何倍にも増幅される。

「聞いているフリ」の達人を目指す

聞き上手であることは、大前提である。

しかし、

「あの人、ちゃんと話を聞いているのかしら?」

などと女性に思わせることも大切である。

色気男はときおり話を聞かない。聞いているように見せかけて、実は聞いていない。この不誠実ともいえる一種の「癖」が、実は女性を魅了する。

「なんでも聞いてあげるから!」——それだけだと、話す女性のほうはそのうち「努力」をしなくなる。

面白く話そう。わかりやすく話そう。誠意を持って話そう。そんな努力がだんだん薄れ、乱暴になる。そのうち抑揚もなく、ただマシンガンのように「吐き出す」だけの会話運びとなる。

思考も自分本位になり、男性が自分の思う通りのリアクションをしてくれて当然。これがエスカレートするとどうなるか——女性をかんしゃく持ちやヒステリックにしてしまうのである。話を聞いてくれた男性への感謝など、皆無になる。

女の話はすべて、くまなく聞いてはいけない。そのほうがあなたも疲れないし、女性も心地いい。

女性の話が長いなと思ったら、話を遮り、話題を変えてもいい。

ときおり、うわの空になるのもいい。

そうやって、「聞いてくれないせつなさ」を植え付けよう。

この時点で女は、彼に話を聞いてほしくてたまらなくなる。そして聞いてもらうためにあらゆる努力を買って出る。その結果、どんどん前のめりになり、入れ込む。


「明確にあいづちを打ってくれて、ちゃんと話を聞いてくれる人のほうが、モテるんじゃない？」


たしかにそうだ。

しかし、**「色気で相手を酔わす」——この段階では、フルサービスは無用だ。**

バカまじめに話を聞いてあげると、墓穴を掘ることになる。

一生懸命な傾聴の姿勢が、女性を疲れさせることにもなる。

まっすぐすぎるリアクション。まっすぐすぎるコメント。それが女性に緊迫感とプレッシャーを与えてしまう。女性が気まぐれに話せなくなる。「もっとさらっと流してほしい」となる。

こうなっては、「色気男」のブランディングとしては失敗だ。

聞いているフリの達人になる。長い話は聞かない。これが色気男になるための、必須条件である。

女の話は「バカまじめに」聞いたら負け

力強く、低い声で
パンチを打ち込め

女性との会話において、**色気のある男は「はっきり言う」**。

相手をほめるときも、注意するときも、突っ込むときも、デートに誘うときも、とにかく**「はっきり言う」ことで「色気」が増強される。**

会話の大事な局面で必ず、はっきりと明確な言葉を口にするのだ。

「好きになったみたい」

「今日は一晩中語り合いたいな」

そのような言葉を、落ち着いて、まるで当たり前のように、男らしい力強い声、あるいは低いトーンの声で口にする。

心配はいらない。もしその気があれば、女性は表情一つ変えず、動揺もせず、笑顔を浮かべて「うん」とうなずくはずだ。決めの言葉は思っているよりも、もっとはっきりと、力強く言ってしまっていい。

女性のリアクションを見れば、その効果は一目瞭然。もじもじしたり、よくわからない表現で〝もごもご〟言うよりは、女性だって気持ちがいい。

「もし脈ナシだった場合はどうするのか？」——そんなときもまったく問題ない。

大人の女性なら、とりあえず喜んではくれる。そして、うまくかわしてくれる。

では、なぜはっきり言うことで「色気」が漂うのか？

そもそも**女性はリードされたい生き物**である。「断定されてエスコートされたい」――そんな願望がある。**断定的な言動が、女性を安心させる。**

もちろん、何事も決めつけて、聞く耳一つ持たないような「断定癖」は嫌われる。聞き役にまわり、多少要領を得ない会話も、微笑ましく泳がせ聞いているフリもできる。そういう余裕のうえに、ときおり「強い断定」のパンチを打ち込むのが、正解だ。**衝突や反論を恐れずに「はっきり言う」瞬間を持つ。自分が確信を持つ物事においては、腰の入ったパンチを打ち込む。**

そこに女性は、「オスの色気」を感じるのである。

いつもフワフワ、優しい。何事にもこだわらず、聞く耳がある。それだけでは物足りないのだ。主張がない。熱く語る瞬間がない。誰かと意見がぶつかる瞬間もない。「ぶつかり」を持たない男に対して、女性は「オス」を感じない。

女性が男を感じる瞬間とは、「男が臨戦態勢」になる瞬間である。戦う勢いで、自分を前に出す瞬間。その物腰、言動に色気を感じるのだ。
一度や二度叩かれても、論を曲げない。引っ込めない。そういう強さも欠かせない。
たとえ結果的に言い負かされたとしても、主張があったほうが断然いい。

ぶつかりを持ってこそ「オス」

ときには「ガツン」と言ってみる

「口説き文句」以外でも、女性には、多少高圧的に強気で言える場面もほしい。そうしないと、男の色気は発揮できない。

すべての女性に対し、常に高圧的に出ろと言っているのではない。

人として許せない言動をする相手には、それがたとえ女性であろうとガツンと言うべきである、ということだ。

「嫌われたっていい」ぐらいの気概がないと、「オスの色気」など生まれない。

間違った行動をする女性まで特別扱いをする男。そんな男性をときおり目にする。

事情もわかる。

職場の空気を悪くしたくない。彼女にふられたくない。妻を怒らすと何かと面倒だ。

さまざまな思惑もあるだろう。

「話し合いの成立しない相手」というのは、必ず存在する。「そんな時間があったら、自分のやるべきことに集中したほうがいい」――それも一理ある。

しかし、一度は「NO」を言ってみないことには始まらない。相手にあなたの意思は永遠に伝わらない。

筋の通らない女の言動を容認する。そんな男が「わがまま」で「自分勝手」、そして「不愉快な」女性を世の中に増殖させる。

女性の尻に敷かれていると、男はその男らしさ、そして男本来の物腰や色気まですべて剥ぎ取られてしまう。

言うべきときに「言えない」「叱れない」「怒れない」――そんなスタンスでは、一向に「色気のある男」になることはできないのだ。

ときおりテレビに「鬼嫁の尻に敷かれた夫」であるタレントが登場し、弱々しい態度を見せたりする。あれはあくまで演出との噂も聞くが、見ていてそこに「男性らしい色気」は皆無である。

妻が夫になり、夫が妻になり、入れ替わった状態になっている。一目瞭然にして「男の色気」はひとかけらもない。

しかし、ゴシップ記事などで「実は亭主関白」などとスッパ抜かれると、とたんに「夫の魅力」は増す。

普段は尻に敷かれているように見せかけて、実は言うべきときにガツンと言い、強い妻がしおらしく、女らしく甘えているような絵まで浮かんでくる。

妻の女らしさが「男の色気」を際立たせる。

ガツンと言ったぐらいで壊れる関係が、果たして正しい関係か？　一度考えてみよう。難しいなら数カ月に一回、一年に一回でもいい。**機会をうかがって「ガツン」と言う。**

それだけで、あなたの色気は倍増する。

「嫌われたって上等」が色気を育てる

「前向きな笑顔」で〝毒〟を吐く

色気のある男は、「毒」を吐く達人である。

それも、**きちんと言うべき人に対して面と向かって毒を吐く。**その毒は実に痛快で、皆が言えないことの代弁にもなる。

その瞬間、爽やかな笑いすら創造する。

たとえば、その場が凍るような自慢話をした相手には、「今の話題寒すぎて、死ぬかと思ったよ（笑）」と、一刺しできる。

相手が男であれ、女であれ、容赦はしない。この一言により、つくり笑いをしなければいけない空気から、みんなが開放される。

「バカすぎて頭痛くなってきた（笑）」――女性にも、このような言葉をプレゼントできる。

「脳みそ溶けてんじゃないの？　バカだねえ」――愛嬌のある笑顔で、これを言われたら女はひとたまりもない。自分のことながら、自分で笑ってしまうのだ。

この毒気に女性がやられる。**相手を不快にさせたり、破壊する毒ではない。心地よい刺激を伴う、愛情と親しみすら感じられる「毒」**。

その毒には「笑顔」がトッピングされている。言われたほうも、それを聞いた周囲も「悪い後味」を感じない。

後味の悪い毒を吐く人がいる。

インターネット上だけで饒舌になったり、人間関係を破壊する類の毒を吐く人。これはいただけない。色気などどこかに飛んでいってしまう。

「みんなが思わず笑顔になれる毒を吐けるか？」――ここが分かれ目になる。

色気が漂う男は、笑顔で毒を吐くが、周囲や異性に快感をプレゼントする。

愛を込めた〝イジリ〟の達人になろう。

「潮凪さん、潮凪さんの事務所に行ったら、全然本がない。作家なのに、本、全然読まない。なのに書いてる！　すごいよね（笑）」

40代後半にして、いまだに街のスタンディングバーで、20代の女性の心をつかんで止まないS氏。彼は初対面の女性もいる前で、こんなことを言う。

言い方を間違えれば、侮辱にもなってしまう。「潮凪洋介の知性が低い」ことをバラスフレーズとも受け取れる。

しかし、この「毒」で周囲はドッと沸き、私もおかしくなり笑う。

周囲を楽しくするだけではない。同時に私の居場所もつくってくれる。

ここで高尚な作家のように紹介されても、誰にもプラスにならない。私もお行儀よくしていないといけないし、女性も尊敬するふりをせねばならずめんどくさい。

S氏のおかげでみんなが救われる。私も9割方楽しく過ごし、1割は反省する。

「もっと本を読もうかな」という気づきにもなる。

この親しみと毒の絶妙の配分が、すばらしいのである。

愛ある毒舌。

これができたら、あなたも立派な「色気男」の仲間入りである。

「愛ある毒舌」をマスターする

2章

「完璧」は女を遠ざける

他人と自分を比べるな

世の中には2種類の人がいる。

一つは、自分は人より優れているか？　稼いでいるか？　出世しているか？　モテているか？　と横ばかりチラチラ見ているタイプ。

そしてもう一つが、「自分らしく生きているか」を気にするタイプだ。

彼らは「自分の生き方のリズムや旋律が、いかに自分らしいか？　楽しいか？　充実しているか？」をとても大切にする。


色気の強い男性のなかに、前者の「比べ屋さん」はいない。


「比べ屋さん」から、色気の一つも立ち上らないのには理由がある。それは「自分」を持っていないから。上か下かばかり気にして、自分の心と向き合わない。だから、自分らしさが育たないのである。

女性の意見に、このようなものがある。

「いつも誰かと自分を比較してる人は自慢が多い。パーティなどでは、どこか痛い所作、視線、動作をしている」

私も本当にそう思う。

「他人と自分を比べてばかりの人」は、知らない人が集まる場所に行くと、自分らしさが皆無になる。まるで見知らぬ国で迷子になった、おびえた観光客のようになる。他人と自分とを比べ優位性を感じることでしか、自分のアイデンティティを自覚できないからである。

色気のある男は、そんな失態は犯さない。別の次元に価値を見出している。

彼らは**「人生の楽しさの度合い」を、ゆるやかに競い合う。**

仕事で勝つか負けるか、それしか考えない人は、プライベートの出会いの場でも「過剰」に仕事の話ばかりする。遊びの場にまで仕事のときの思考回路や、感情構造を持ち込んでしまうのだ。そして、四六時中「よくわからない専門分野の面白くもない話」をして迷惑がられる。

あるいは取引先との交渉のような口調。あるいは部下を叱るような口調。あるいは発注先へのクレームのような、余裕のない口調。もはやこれは〝口害〟でしかない。

色気の空気をぶち壊してしまう。

仕事で勝ちたい！　優位に立ちたい！　そういう気持ちしかない。だから、話がつまらないのだ。肩書きや収入や学歴、あるいは生まれの自慢話をするのは、周囲と自分とを比べてビクビクしている証拠なのだ。

そんな暇があったら、過去の笑える武勇伝を話したほうが一〇〇倍マシだ。

遊びの場では他人と自分を比べてはいけない。自分らしくその場を楽しむ方法をしっかり研究する。

それだけであなたの「色気」は、倍増する。

チラチラ横を見るな。自分を持て

この「シワの数」が女を魅了する

色気のある男は、とにかくよく笑う。

しかも**自分なりの笑いのツボを持っている。**自分が面白ければ、周囲が笑っていなくても自分一人ででも笑い切る。自分の笑いのツボに確信を持っているのだ。

そして、「知性が低いのではないか?」とまで感じさせる笑い方をする。「そんなことでそこまで笑うか?」というぐらい、低レベルなことでも笑う。屈託なく、まるで小学生のように笑うのである。

一方で、「エセ色気男」は笑わない。

いつもカッコつけて、人より優位に立とうとしたり、知性を振りまこうとする。そして笑顔がひきつっている。笑顔の分量が断然少ないのである。

もっと言うなら、自分に突っ込まれる隙をつくらない。笑われることを断固として嫌がる。人が話している間も真顔、誰かの話を受け入れる余裕も、楽しむ余裕も実はない。

いくらカッコよく着飾っていても、それは「色気のある男」とは違う。

「屈託なく子供のように笑い転げる。そして涙まで流す。その素直なところが、見ていて色っぽい。もっと笑わせてあげたくなる」

女性もこのように捉えている。

ミステリアスでニヒル、渋くて重厚感がある。それは色っぽさのある種のスペックかもしれない。

しかし、それ〝だけ〟だと、いずれ飽きがくる。**一見、渋い男が、節操なく笑い転げる。このギャップにこそ、女心を揺さぶる「色気」が含まれている**のである。

自分の知性も忘れて、笑い転げるツボがあなたにもあるだろうか？

その笑いのツボがあるだけで、あなたは**屈託のない隙**を見せられる。

相手はあなたのなかに、**裏表のない人格**を見る。性格の輪郭をはっきりとつかむことができるのだ。

つくられた二枚目を演じて、笑うことすら忘れてはいないだろうか？

芸能人でも俳優でも、女性の抱かれたいランキングに入る男性は皆総じて、顔面が壊れるくらいにクシャッ！　と笑う男たちばかりだ。

笑い続けながら話す。息が詰まりながら、むせながら話す。そんな場面を女性の前で見せてみよう。自分だけの視点と感性で、屈託なく笑う。

「俺はこの瞬間に心の窓が開き、屈託のない子供に戻ってるんだよ」

そんなメッセージを、体全体から放射しよう。

得体の知れない、どこがツボなのかもわからない、豪快に笑わない、ひきつった顔の二枚目。

これを卒業しないと、本当の「男の色気」は立ち上らない。

私の知る女性から大人気の色気男は皆、顔に笑いジワが刻まれている。このシワの数が女性を魅了する、「色気の豊かさ」の証明なのだ。

屈託なく笑って隙を見せる

「こうすべき」にとらわれない

色気のある男は純粋だ。それでいて大人げない。

「純粋さ」「大人げなさ」——この二つを磨けば、色気を研ぎすますことができる。

色気のある男は、純粋すぎて大人になりきれない部分を併せ持つ。つまり、決してキレイに整った性格ではないということだ。いわゆる、正しい大人にはなれていない。平気で無防備で純粋なキャラクターになるし、あるいは大人げない状態にもなる。しかも好きな仕事や、好きな趣味、好きな女性に対して、わがままにのめり込む。

人によっては、「一般常識の壁」「自分の殻」を壊し、飛び越え続ける。わかりやすい例が「ナンパ」である。見知らぬ女性に話しかけること。まじめな人から見ればこれ自体、常識を飛び越える行為である。

色気のある男のなかには、この「常識を壊す」「飛び越える」を、ごく当たり前の生活習慣であるかのように、やってしまう人も多い。

たとえば仕事で疲れていたとき、あなたならどうするだろうか？

普通のビジネスマンならば、リスクを考え、明日への鋭気を養うはずである。

しかし色気男は、そうしない。あえて、少々冒険的な判断をする。夜の街に繰り出し開放的な気分に浸って、物語を演じたり、スポーツジムに行ったりもする。
色気男たちは、仕事の疲れをひきずったまま、自分を浄化する冒険の旅に出るのだ。

彼らが仕事の疲れに負けずに遊びに行けるのはなぜか？　あるいは「普通」を飛び越え〝られる〟のはなぜか？　それは、疲れた体をひきずってでも動くと、その先に「快楽」が存在することを知っているからだ。疲れに打ち勝ち、人一倍興奮できる癖がついているからだ。

彼らは一夜の快楽を得るために、「普通はこう考える」というものを「破壊」し、別の行動に出る。色気のある男は快楽を得るためなら、自分の体を壊すかもしれないときにも、あえてリスクを冒すのだ。

体力は限界でも、明日の仕事が朝早くとも、あえて夜に飛び込み、快楽のなかに深く潜る。

そして全力で満喫する。そんな破壊活動の結果、彼らは最高のリフレッシュと、明日を生きる鋭気を得る。快活な色気を立ち上らせながら、実際に異性とのつながりも手にするのである。ここで得た「色気」には、そのほかのどんな「小手先の色気トレーニング」もかなわない。

折り目正しく、安心で、信頼できる大人の男。ただそれだけの人。ハミ出しを持たない男――そのような人は自分を壊すことで、「色気」を増強させてみよう。

もうおわかりのように、**色気のある男は〝心の窓換気〟の達人である。**あえてハミ出すことで、上手に心の窓換気を行う。会社でいかに大きなプロジェクトを動かしていても、子供のようにくだらない話題に没頭できたりもする。

この「常識的な自分」からの「変身儀式」が、日常化している男。彼らのことを色気男と呼ぶのである。

「純粋さ」「大人げなさ」を研ぎすます

「バカ」をさらけ出し、頬を打たせよ

バカになれる瞬間を持たない男が、「男の色気」を漂わせることはできない。

振り切る。居直る。そんな瞬間を持つことこそが、「男の色気」を増強するためには不可欠と言える。とにかく**「色気を発している男たち」の共通点は、この「居直りバカ」な部分がある**ということ。

たとえば私の周囲にはいわゆるバツイチの色男が多くいる。

しかも、モテるものだから、二回目の結婚をなかなかしようともしない。

そのなかの一人に、この数年間で経験した真剣交際は5人、真剣ではない交際を20人近くと楽しみ尽くした、40代男性がいる。

そもそも彼などは、自分の離婚の原因についてちっとも反省していない。

浮気がバレて離婚したことを、自虐のネタにしてしまっているのだ。

しかもそれを、新しく出会った女性たちの前で話す。元奥さんからしたら「人生を台無しにした悪人」。殺したいと思っているだろう。

しかし、彼は「俺はバカだから」「どうしようもないから」と完全に居直り、それをネタにすらしている。

それを見た20代、30代の未婚の女性が、これまたハマる。

この俗世離れした異次元恋愛メニューに、怖いもの見たさで、首を突っ込んでしまうのだ。

彼女たちはいちおう彼氏を持っているが、その彼からの小言や束縛に辟易《へきえき》している。そんなとき、女を縛ることを知らない「居直り世捨て人」「居直りバカ」を目にする。その居心地の良さ、開放感、安心感は、女性たちにとってはファンタジーなのである。

そして居直ることで、「ますます懲りないバカ」に拍車がかかる。しかも、周囲から憎まれない。こんな芸当を身につけた人こそが、「色気」を身にまとう。

やりたい放題なのに男友達も失わない。

本命を除いては、彼らが女性たちから憎まれることはまずない。

それには訳がある。バカをきちんとさらけ出すからだ。バカをさらけ出し、頬を打たせるからだ。実際に女性に叩かれる男もいる。あるいは怖い蜂の一刺しを、何度ももらう人もいる。
しかし、それがまた彼の魅力をグレードアップさせる、一つの劇場となるのである。
その一部始終の修羅場が、エンターテインメントにすらなる。
周囲は彼を罵倒し、説教し、苦笑し、それでいて彼に期待する。
「今度は何をやらかすのか？」
「バカ丸出し」——そう周囲に言わせながらも、どこか愛される余地を残す人。
大人になってもこのまんまの「懲りない愛されバカ」。
色気を漂わせるセクシー男には、この手の人がなぜか多いのである。

目指すは「懲りない愛されバカ」

「かわいい、ろくでなし」に
女は弱い

色気のある男は女性に、「どうしようもない人」という感情を抱かせる。紳士でミステリアスで、包容力があってホスピタリティがある。ただ、それ〝だけ〟では男の「色気」は醸し出せない。

真の「色気男」は、女性からの罵声を浴びる常習者である。

「バカじゃない？」「どうかしてるでしょ？」「考えられない！」――色気男たちのそばで、私はこんな女性の言葉を今まで何度も聞かされた。そこで私はあることに気づいた。

なぜか彼女たちは、本気では怒っておらず、半笑いなのだ。「最悪！」「一回死んだほうがいい！」――言葉こそ激しいが、本気で言っている女性が一人もいない。

「憎めない呆れ感情」を女性に抱かせることができる。それこそが「色気男」の真の姿だ。

愛と憎しみが混在する感情を抱かされた女性は、その男にとてつもない「色気」を感じてしまう。ちょっと会わないだけで、心が条件反射的に、禁断症状を起こすのだ。喜怒哀楽の混じった、ぐじゃぐじゃの感覚。それに酔ったようになってしまう。

こんな悩ましい「色気男」には、どうしたらなれるのだろうか？　これは意外に難しくない。**少々ダメな男を目指すのが、手っ取り早い。**

小学生のときに、女子からいつも学級会でつつかれていた、クラスに一人や二人はいた悪ガキ。正座させられたり、みんなの前で怒られたり。適度に落ち込み、「こんなはずじゃなかったよな」と首をかしげる。

それを目指せばいい。あえてそんな男を目指すと、「色気」が増してゆく。

たとえば女性に、こんな言葉をかけてみればいい。「好きだ！　大好きだ！　俺の好み！」あるいは、「どうしてそんなに魅力的なの？」と、ほめ殺しをする。

そんなことをしておいて次に会ったときには、「そんなこと言ったたっけ？」と、とぼける。ここで女性はあなたに、怒りの感情を持つ。このおちょくるような、「無責任さ」が効くのである。かわいい「ろくでなし」を目指してみよう。

まずは少々酔ったときに誰彼構わず、魅力を感じた女性をほめ、ラブコールを送りまくる。そうしておいて一切連絡はせず、メールも既読スルーにしてそのまま放置。ほめてその気にさせて放置――つまり寝かす。

一～三カ月も経つと、彼女たちのなかで、あなたへの「複雑な感情」が、酵母菌を植えて発酵させるように「醸成」される。そして、少しずつ「ムカつくけど生理的に好き」という状態に心が変化する。気が向いたら突然連絡し、デートに誘ってみよう。彼女は怒りながらも、やってくるだろう。

さて、ここで絶対嫌われないための、ポイントがある。**鍵となるのは「無邪気さ」**。連絡をするときには、何事もなかったかのように、はしゃいで話すことだ。

もしここで「あなた無神経ね」と言われたら、「あ、ごめん」と素直に謝って電話をすぐ切ればいい。そしてほかの女性に連絡をしよう。

「ダメさ加減」と「憎めない無邪気さ」の絶妙なバランス感。これが色気のもととなる。ここを押さえれば、あなたも色気男のエッセンスを、手っ取り早く身につけられる。

〝ほめては放置〟を繰り返し、女心を発酵させる

「質問」はするものではなく、させるもの

色気男をよく見ると、なぜか女性から「質問攻め」にされる能力に長けている。

ここで言う質問攻めとは、「会社ではどんな仕事をしてるんですか？」「車は何に乗っているの？」といった、つまらんものではないということ。

彼らは会ったばかりの、かなり年下の女性からこんな質問攻撃を受ける。


「え？　何それ？　おかしいでしょ？」

「それさ、私違うと思うよ（笑）。なんで？」

「バカじゃん？（笑）何それ？」

「さっき○○って言ってたじゃない？　嘘つき」


長年の彼氏との会話のような調子で、問いを浴びせかけられる。

ツッコミという表現のほうが適切かもしれない。

「色気男の内面が常識と少しズレている」ということに関して、質問の嵐である。

女性は色気男の「内面の歪み」を敏感に感じ取り、言いたい放題。**女性にとってはこのイジリが「楽しい」のである。**

ここで女性たちの物腰に、一つの特徴が見受けられる。それは**女性が質問攻めやツッコミを笑顔で、本気で楽しんでいる**という点だ。

「すごいですね」「物知りですね」「成功者なんですね」などという、うわべだけのつまらない言葉のキャッチボールとは、一線を画した本音の会話なのである。

女性は年齢差も飛び越え、初対面のこの男性に愉快に「失礼」な態度をぶちかます。男はそれに動じず、まるで確信犯のように「俺おかしいから（笑）」と開き直る。余裕の笑顔を見せ、反論遊びで、じゃれ合う許可を与えている。

まじめなディベートは一秒もなく、すべてが「シャレトーク」で、「中学生くらいの頭があれば可能な会話」である。

こうしているうちに、互いの壁が崩れ、女性はイジリ、突っ込むことに快感を覚え、「この男」の安定感に心地よさを感じ始める。

そして、女性から連絡先を聞いたり、ご飯の約束をしたり、あるいは酔って手をつないだり、あるいは腕を組んで帰ったり、あるいはそれ以上へも〝突入〟してゆく。

ほかの男が一生懸命、型通りのつまらんアピールや、自慢や知的キャラ演出を、苦しそうに行っているときに、**色気男は言いたいことを言って、ストレスを発散し、さらには女性のハートまで、いやフィジカルまでつかんで、結果的に「女性が彼を勝手につかんで」帰るのである。**

女性が呆れ顔になる。悪戯《いたずら》顔になる。言葉遣いがやんちゃになる。

いつもよりつい飲みすぎ、勝手にエンジンがかかってしまうのだ。

今日から〝うわべだけ〟の〝つまらない〟会話を卒業せよ

男は「ちょっと雑」なくらいでちょうどいい

色気のある男は女性をときに「雑に扱う」。

高圧的に出る、イジル、突っ込む、指示する、使う、支配する。この「雑さ」が「男の色気」を増幅させ、ますます女性を魅了する。

「一緒に来たのに、ほかの女といちゃついている。会ってまだ二回目だから文句も言えない。最低な男。でも帰りに、〝さ、帰るぞ〟って肩を叩かれると、感謝の気持ちが体の底から湧いてくる。ほかのキレイな女性からもモテる彼を、独占できた優越感と達成感までついてくる」

会ってまだ二回目だというのに、女性はこのように色気男からかく乱される。しかも女性は、これに快感を覚えるようになる。

ほろ苦く、そして甘い、麻薬性のある恋愛ドラッグ。

雑さは男っぽさである。力強く、ラフ。それが男らしさを「演出」する。きめが細かくてしなやか。それは女性の象徴である。

男性が少し雑で、無骨な部分を残すからこそ、女性が女性らしく自分を表現しやすくなり、男女がぴったり噛み合う。

特に女性が一番嫌うのが、「受け身で、声が小さく、優柔不断」。

こんな男はもう目もあてられない。色気云々以前の問題である。

「人生になげやりで、デートもやる気がない、ついでに面白くもない。ひ弱で生命力のない男」

こういう男性はこの根本を変えない限り、いかに心理テクニックを駆使しても、女心を一ミリもつかむことなどできない。これではいけない。

しかし、ただ単に「雑」になればいいというわけではない。「まったくリードしない」「優しさもない」、そんな雑さは論外である。

リードする姿勢があり、その際に、結果的に少々「雑になってしまう」このさじ加減。これが「色気を感じるかどうか？」の分かれ目となる。

抱き寄せられたときの、優しさとほんの少しの無骨さ。

「荷物を持ってあげる」と、ぐいっと荷物をつかみとる無骨さ。
ドライブ中、知らない道にグイグイと入ってゆく力強さ。
「こっちに行ってみようよ」と、半ば強引に店を決めるエゴさ。
考える前に行動し、「やってみなきゃわからないよ」と、周囲を巻き込む無鉄砲さ。
こんな無骨さに、女性は色気を感じるのである。

無骨さのチラ見せが男の色気を強める

生理的に合わない相手とは〝すぐに離れる〟

周囲の色気のある男性を観察すると、あることに気づく。

色気のある男は何かにつけて、「すぐにやめる」「手を引く」という習性がある。

自分自身を「不快なもの」から、冷酷なまでに切り離す。

色気のある男は、人間関係でも恋でも仕事でも、合わない関係を「すぐにやめる」達人なのである。

精神の高揚もエクスタシーも存在しない不快な思い——その予感を本能が察知し、避ける。しかも、冷酷に遠ざける。

これは私が見てきた「色気のある男」が、みんな持っている要素である。そういった意味で、色気男には「お人好し」はあまりいない。

生理的に合わないものは、自身のエネルギーを吸い取る。そう本能が察知する。「不快を被《こうむ》る危険性」を察知し、判断を下す。その判断までのスピードが極めて早いのである。

その証拠に「色気男」の周囲には、「似たような感性」「似たようなファッション」「似たような遊び方」「似たような人生観」の男女が〝残っている〟。

さらに仕事に関しても、この法則はあてはまる。

色気男には好きな仕事、自分の心に不快を及ぼさない仕事に出合うまで何度でも退職、転職、そして起業を繰り返す人が多い。

もちろん一つの会社にずっと勤めたり、あるいは起業して地道に続けている「色気男」もいるが、彼らは「仕事が楽しい」から変える必要がない。

「好きなことしかしないなんて、ただのわがままでは？」――そう思うかもしれない。

しかし、このおかげで彼らはドロドロしたものをシャットアウトする。それだからこそ、艶やかな色気があふれ出るのである。


「アレルギー反応」を感じた人やものとは、発覚した瞬間に「関わり合いをやめる」。この生活をあなたも、できる限り試してみてほしい。


たしかに難しいかもしれない。だが、あなたの色気は確実に増強されるだろう。

女性から「あら？　最近変わったわね？」と言われること必定だ。

不快感や葛藤、やらされ感を胸に抱えない。

それが「色気放射」のためにいかに大事か。彼らはそのことを本能的に知っている。

「お人好し」は男の色気を減退させる

上機嫌に傲慢になる

色気のある男は、適度に傲慢である。

たとえば仕事でイヤなことがあったときも、クヨクヨと「どうして、あんなことになったんだろう?」などと、いつまでも自分を責め続けたりはしない。

もちろん反省と対策はするが、それ以外の感情は持たない。

また対人関係でイヤなことがあったときも、相手の態度に必要以上に媚びることはない。

次から次へと集中してこなさなければいけない、仕事、遊び、恋、そして友情関係があって、とにかく前に進む。それが、「傲慢」に映る理由だ。

傲慢にして、上機嫌。そして朗らかだ。

彼らの人生の生産性は高い。出会いもどんどん広がるし、トラブルになりそうな関係はこじれる前に消してしまう。

いつも好きな人しか周囲にいないから、人生はいつも自分らしいリズムを刻む。

少々危険な生き方だが、本人は「確信犯」である。自分の偏りも十分わかっている。

自分の感性を第一の軸とし、あるときは人間関係ごと手放す。

潔《いさぎよ》いと言えば良いが、別の見方をすれば、少し破壊的な傲慢さも漂う。

彼らはそこに矛盾があろうと、とにかく自分のリズムを大切にする。

快い周波数の人とだけ上手につきあい、そうではない人とは上手に距離を置く。


たしかに、ちょっと極端な生き方かもしれない。

しかし、色気のある男になりたければ、「みんな大好き」ではいけない。

生き方においても、人間関係においても、遊び方においても、「プチ傲慢」にならないと、男の色気は得られない。

人間関係を維持するために、誰とでもうまくつきあおうとする——その考えこそが、あなたを「色気が枯れ果てた、ただのいい人」にしてしまう。

自分の意思によって体現された強い行動。その行動の繰り返しで、自分の「リズム」を取り戻し、色気を増強しよう。


ただ最後に一つだけ。

チマチマ、小さなことで人の揚げ足をとったり、執拗にダメ出しをするような方向へ行ってはダメ。

明るく楽しく、おおらかな「傲慢」にならないと、鼻つまみ者になってしまう。

この点だけは気をつけたい。

適度に傲慢さがないと〝色気の枯れ果てた人〟になる

〝さらりと非情になれる〟
というけじめ

色気のある男はときに非情である。

相手からの不快感が限界を超えた瞬間、その相手を一気に、視界の外に追いやる。しつこい女、縛る女、浮気する女、嘘をつく女、謝れない女、後ろ向きな女——色気男は、そのようなバランスが崩れかけた女性を、バッサリと切る。

彼らはこのとき、彼女たちをののしったりはしない。ただ静かに距離を置く。そこに無様なトラブルはつくらない。泥仕合によるストレスは、色気を削ぐ原因となるからだ。

さらりと、相手にわからぬように距離をとる、という自己防衛アクション。これは色気を放ち生きるための、無意識行動と言ってもいい。

もしあなたが「色気男」を目指すのであれば、この「非情」になる技術をマスターしなければならない。これをやらずに色気を放射し続けると、たちまちストレスを抱えてしまう。

色気男は、もつれそうになった〝恋の糸〟をほどき、トラブルを未然に防ぐ達人でもある。

たとえば、「あなたは恋人ではありませんよ」という線引きを、しっかりとしておかなければ、いけないときがある。そんなときは、「恋人ではないけれど、大切な友人ではあるからね」——という信号をしっかり送る。あるいははっきり言葉にする。

そうすることで「思わせぶりな悩ましい男」ではなく、「信頼できる男友達」になる。

女性との関係を、メリハリを持って、しっかりと線引きする「けじめ」を、あなたも身につけよう。この非情さこそが、あなたの色気男ライフをより充実させるのだ。

建設会社に勤めるK氏（38歳）は、10年以上続く、純粋なプライベートの女友達にいつも囲まれている。そのなかには既婚者もおり、大勢はもちろん、二人で出かけることも多い。そして、今でも女友達の数を増殖させている。

さらに、いつ連絡しようと、その女性たちは予定を空けて会いにくる。

彼がなぜトラブルもなく、複数の女友達と仲良く円満にしていられるのか？

友人として着地でき、バランスのとれた関係を維持できる女性とだけ、仲良くしているからだ。

これはまさに、絶対に恋に落ちない、独占できない、でも笑顔で好意的に会話してくれる〝ホストと客〟の関係である。女性たちは前傾姿勢になりながら、心を寄せ続ける。

K氏は、実は秘密の恋を水面下で少々楽しんでいる。

もちろん、性格、人間性、秘密保持性、心の安定感、すべてにおいて安全とわかった「信頼できる女友達」のなかから慎重に選んで限定し、特別な男と女の関係を楽しんでいる。

色気男は男女のトラブルを未然に防ぎ、良好な男女関係を築く達人なのである。

色気男は恋愛事故回避能力が高い

3章

色気男は色気男の群れを持つ

「つるむ仲間」は選び、選ばれる

色気のある男は、色気のある男同士でつるむ。

プライベートの仲間には、同じ「色気」を持つ群れを選ぶ。互いにフェロモンをぶつけ合い、こすり合い、刺激し合い、磨き合うのである。

当然、色気のない男を、仲間の会合に呼ぶことはない。

色気男以外は、「レギュラーメンバー」には入れないのである。

理由は明白だ。

常に、自分の魅力を高め続けていきたい。そう思うからである。

さらには次のような意気込みも、その理由となる。

ベストなメンバーで臨み、女性たちをより高いレベルで満足させたい。

「みんな素敵な男性たちね！」

そうやって女性からほめられること。そのことで大きな満足感が得られるのだ。

女性も喜び、自分も楽しい。

この状態をつくるための仕分けに、彼らは抜かりがない。

さて、色気男の仲間入りを果たしたい。そんなときはどうしたらいいのか？

色気のある男になりたければ、自分よりも少しだけ色気があってモテる男を見つけよう。

最初からハイレベルな群れを望んではいけない。なんとか群れに補欠でも入れてもらい、自分の色気を磨く。

まずは、ここからだ。


もちろん、足を引っ張るメンバーを仲間に入れるほど、彼らもお人好しではない。彼らにとっては、少々心配な男が加わることになる。自分たちのグループの質が、下がるリスクを負うことになる。

だから、**「ほんの少しだけ、自分よりも色気が強い程度の群れ」に、まずは加わることを目標としよう。**

それを繰り返すうちに、あなたも少しずつ「本物の色気男の仲間入り」を果たすことができるようになる。

あきらめずにがんばってみよう。

まず〝ほんの少し〟背伸びする

「与える存在」になれるか、否か

色気男は、女性を前にして常に余裕がある。みんなで飲み会やパーティをしている最中でも、絶妙の安定感である。

色気男は、基本的に**「与え続けられる寛容な存在」**なのである。

私が本物の色気男、モテ男と尊敬する男たちは、ただ口説いて目の前の女性との恋を楽しむことだけをよしとしない。その女性とその友人を含めた輪、つまり開かれた輪をつくることにも重きを置く。人が喜ぶ輪をつくるところの、達人なのである。

常に自分の周囲に、素敵な女性を増やす努力を怠らない。そして、さらには、口説いた女性、そして関係を持った複数の女性から慕われ続ける。

遊びの恋愛関係であっても、つかの間の接点を通じて永遠の関係を築く。

その逆に、口説き落とすことはできたけれど、女性から「人間性が低い」と判断され、距離を置かれてしまう男性もいる。

女性を口説き落とす職人というだけでは、本物の色気男とは言えない。

本物の色気男は新しい縁を、周囲のオスに与え続ける。自分が口説き落とした女性ですら、惜しげもなくほかの男性に与えるのである。

セールスプロモーション会社を経営するT氏（47歳）は、いまだに夜の出会いの場所に足を運び、20代の女性と出会ったりする。そして、2～3週間以内に、二回程度のデートを重ね、男女の関係になる。

さらに翌週また、盛り場にその彼女を連れてあらわれる。彼女の女友達も一緒に、だ。

そして、次のような行動に出る。

その関係を持った女性を、自分の男友達に紹介するのだ。これにより盛り場に顔を出した彼の男友達は、女性と話すことなく時間を過ごすことになるかもしれない、という恐怖から免れることができる。その間、T氏はすでに別の女性との出会いを楽しんでいる。

女性は「モテて顔の広い大人の男だから仕方ない」と我慢するしかない。新しい男性との縁も与えてもらっているから、文句も言いづらい。

この切なく、もどかしいお預け状態が、女性にとってはたまらない。

一人の女性に固執しない、手放す。なのに優しい。

余裕のあるクールな色気は、こうして醸し出される。

パーティのたびに、周囲の関係も考えずに片っ端から口説き、ベッドイン。

そこから人の輪を広げることもなく、トラブルが起きてもほったらかし。

こういう雑な飢えたハイエナのような、遊び人は、意識の高い遊び人グループからは自然に淘汰される。

余裕のないオヤジになってはいけない。

他の男性に、新しい縁を分け与える寛大さを身につけよう。

お気に入り女性を あえて友人に分け与える

裏切りは
〝あえて〟気づかないフリをする

色気のある男は、女性との揉め事が少ない。

彼らはある事実に気づいている。それは、男女の揉め事の多くは、そもそもどちらかが一方的に悪いことのほうが少ない、ということ。たとえそれが女性のほうからの、「裏切り」や「悪態」だったとしても、自分が受け流せば半分はおさまる。その事実を知っている。

色気男はこのあたりがうまい。相手の女性が裏切っても、あるいは感情的に不安定になって、過剰な攻撃をしてきても、そこを受け流す。

相手に非があっても、「この相手とはこじれそうだ」と思ったら、執拗に責めたりしないのである。あっけないほどに、受け流す。受け流すだけではない。それに加えて、彼らは裏切られることに対しても極めて寛大なのである。

特に女性の裏切りには事を荒立てない。

そもそも人間など皆「気まぐれ」であり、「自分の都合のため」に生きていると彼らは割り切る。女性が好きだし、女性との時間を楽しむ気持ちも持っているが、端から「女性に期待していない」のである。

「裏切るかもしれないね。そのときは仕方ないよね。人間だもの」――そのように考えているのである。

そして色気男は自分も同じく、自分本位になることに躊躇はしない。堂々とほかの女に行く。またそういうスタンスを、わかりやすく醸し出している。

「変わりゆくのはお互い様」――色気男が生きる信条であり、色気漂うフェロモン男には、「あ、そう」と女の裏切りをとにかくさらりと受け流す人が多い。

IT系企業に勤めるT氏（35歳・独身）は、自由恋愛を主義としているモテ男。

しかし、彼の弱点は惚れっぽいところと、その気持ちが強くなりすぎるという点だった。

そして、あちこちで恋をするが、きちんと惚れてつきあおうとすると独占欲が強くなり、重いと思われてしまうことが多く、恋はいつも空中分解。

常に恋をしていたが、常に傷ついていた。

しかし、あるとき、恋が最高に盛り上がったときにこう考えるようにした。

「今裏切られても、それは自然現象」

あえて心にブレーキをかけて、それほど相手に期待しないように切り替えた。

そして相手が燃え上がってもクールに、反対に相手がほかの男に走ってもクールに平静を装った。何が起こっても動揺しないフリをした。

とうとうフリをしているうちに、本当に鈍感になることができた。

このスタンスが、彼に余裕をもたらした。

このスタンスに変えてからというもの、彼は、ますます多くの女性から言い寄られ始めた。本命の彼女もでき、バランスの良い関係で交際を継続することができるようになった。

最高の恋を手放す、自虐意識にも似た破壊をする勇気。そのなかに本当のモテ男のフェロモンの秘密が隠されている。

お互いに「自分本位」でいい

「軽い男」になりきれ。ただしウソはNG

私が主催する大人の社交場（イベント）には、若くてきらびやかな女性も数多く参加する。遊び慣れた大人の男性との会話や、出会いを楽しみにやってくるのだ。出会いパーティではないが、そこで多くの男女の恋愛の予感が生まれる。

しかし、ときおり、こういう場所で申し訳なさそうに萎縮し、硬直し、あるいは不自然にひきつった顔でまごつく男性を目にする。いかに社会的地位や収入、あるいは学歴が高くとも、これは目もあてられない。

なぜ彼らは、そんなふうになってしまうのだろうか？　答えは明白である。

「こういう場所に慣れていないから」――それに尽きる。

華やかな女性が集まる場所で、出会いや会話や仲間との談笑の時間が皆無だった。つまり、「社交場における遊びの経験」がゼロなのだ。

その結果、彼らはこうも歯切れの悪い、重くてかたくなな空気感を醸し出してしまっている。

あなたは大丈夫だろうか？　彼らのようにならないように、**もっともっと出会いの場に慣れて、そして「良い意味での軽さ」を身につけたほうがいい。**誰とでも会話が楽しめる軽さ。素敵な女性を見つけたときにほめ言葉の一つや二つプレゼントする。

これくらいできなければ、男の人生は一気に味気なくなる。

しかしここで、大切なことがある。女性に対して嘘をついてはいけない。これは、絶対ルールである。結婚しているのに「していない」と嘘をつく行為。あるいは肩書きや収入を、嘘をついて大きく見せる。そんなことをしないと、モテないようでは、本当の色気男とは言えない。

ここだけ押さえ、**もっともっと、軽くなろう。誰とでも話せるフットワークを身につけよう。その軽さこそがあなたの色気の素となる。**


都内の旅行会社に勤めるS氏（34歳）は「重い」と言われ、交際中の彼女にふられてしまった。その後、出会いを求めて私のパーティに訪れたが、硬直して壁に張りついたまま動かない。話すのは男性ばかり。そんなSさんが私にこう打ち明けた。

「僕は性格がまじめなうえに、こういう場所に慣れていなくて、誰と何を話し、どのように動いたらいいかまったくつかめない」

「Sさん、慣れですよ。一人ひとり、自分の恋人か妻候補として構えて見ていませんか？　それじゃあ固まるし、向こうも堅苦しいし重いですよ。積極的とは言いませんが、社交的になってください。そう、軽い男になったつもりであっちこっち、中身のない話をすればいいんですよ」と私は答えた。

とにかく慣れるためにS氏は毎週そこを訪れ、社交的な軽い男になったつもりで話す練習を始めた。

すると3カ月後、S氏は気軽に初対面の美人とも当たり障りのない世間話ができるようになったのだ。顔もこわばっていないし、会話も力が抜けていた。

「慣れ」により、人間は自然に振る舞えるようになる「しくみ」になっている。だから**頭で考えずに、とにかく体を鍛えると思って、まずは無心で現場に行く回数を稼げばいい。**

さあ、次はあなたの番だ。まじめな人、つい重くなってしまう人。そんなあなたは「軽さ」を身につけよう。緊張の苦痛に負けず、とにかく体を慣らそう。出会いの場もジョギングやゴルフの上達とまったく同じこと。練習あるのみ、慣れるのみである。

もっともっと「出会いの場」と「女」に慣れろ!

年の差の壁を想像したら負け！
年齢は忘れる

色気のある大人の男は皆、自分の年齢を忘れている。

年齢を気にして、自分に限界を設けることはしないのである。20代の女性とも、自分の年齢を無視して会話を楽しむ。

威厳すら保とうともしない。あるいは「おじさんって、思われたらどうしよう」といった媚びも皆無。ちょっとだけ年上のお兄さんふうに、爽やかに会話を楽しむ。そこに10、20、あるいは30歳の年の差を意識することもない。

私の知っている、50歳前後の旅行会社勤務の既婚男性。

彼は夜の出会いの場所で、自分の年齢の半分くらいの女性とどんどん知り合う。お金にモノを言わせるわけでもない。自分のキャラクターだけで、さまざまな20代女性と友情、あるいは、恋仲をいくつも築いている。

トラブルも悪い噂も一切聞かない。

彼はこう言う。

「たくさんのパワーを若い女性からもらっているよ」

もちろんいやらしい意味ばかりではない。若い女性の考え方やセンス、情報などをもらっているという。

彼女たちの年代の頃を思い出して、気持ちをずっと若く保つこともできている。

一方、20代の女性たちに、そんな彼をどう思っているのか聞いてみた。するとこんな答えが返ってきた。

「何を言っても呆れないし、笑ってくれる。だからストレス発散にもなる。若い頃にちゃんと遊んでた人だから、頭の固いオヤジのようなことを言わないし、楽しい。そして、いざというときは頼りがいがある」

どうやら若い女性たちにとっては、息抜きできる人になっているようだ。

彼氏への不満、仕事場での不安、その他数々のストレスを彼のもとで解消するのである。

年の差を意識して、勝手に萎縮するミドルエイジの男性は意外に多い。

昔、どんなに遊んでいた男性でも40代半ばになると、「20代の女性とまだ話せるか不安」と言う。

悪いことは言わない。そんな「年の差」の意識はどこかに蹴っ飛ばそう。

それができたとき、あなたは本当の色気男になることができる。

自分の年齢なんて気にしない

女性の真横に躊躇なく座り、
膝に座らせせよ

私の周囲にいる色気男の多くは、とにかく女性の真横に躊躇なく座る習慣を持っている。

ホームパーティでも、合コンでも、あるいは街の出会いスポットでも、とにかくまずは、スッと女性の真横に腰掛け、さりげなく会話を楽しむ名人である。

ベトッとしたいやらしさや、コバンザメのようなべっとり感もなく、極めて爽やかに、そして開放的な空気をまとい、自信満々に女性の横に陣取る。

色気男になりたければ、まずこの「女性の真横に陣取る」という大胆さ、さりげなさを身につけよう。

もちろん、身だしなみは万全にする必要がある。いくら堂々と女性の横に座ることができたとしても、「気持ち悪い」と思われてしまっては意味がない。それどころか、迷惑行為となってしまう。

真横に座るだけで、まず、女性の警戒心を解くことができる。真正面だと、「自分のアラが見えてしまうのでは？」と女性も緊張する。

しかし、真横に座れば視覚に飛び込む情報は、最小限で済む。肉体的な距離は近づき、さらに、スキンシップも非常にとりやすくなる。男と女として、セクシーな空気を交換しながら会話を楽しめる。

横に躊躇なく座る――それは、色気男になるための基本中の基本である。

次にチャレンジしてほしいのが「まだ出会って日が浅い美女を、自分の膝に座らせる」というモーション。

20代半ばから30代の「いい女」がほろ酔い気分で、心地よさそうに「色気男」の膝に座っているシーンをよく見かける。セクシーな表情をしながらも、乱れきらずに楽しく華やいでいる。

恋人でも一夜の相手でもなく、そして友達という関係でもなく。

あらゆる可能性を含んだ空気感を身にまとい、ひとときの華やぎを楽しんでいる。

色気男はたいして酔うこともなく、女性に嫌悪感を抱かせることもなく、強引に抱き寄せることもなく、この「セクシーな位置関係」をいとも簡単につくり上げる。

しかも、これをやる男は常習である。

何度夜遊びの場に一緒に繰り出しても、必ずほぼ間違いなく、そのようなシーンをつくる。女性はまるで魔法にでもかかったかのように自分を解放し、セクシーな自分を演じ切る。商社に勤務するC氏（43歳）は、この「お膝トーク」の達人だ。六本木のスタンディングバーで毎度、知り合った女性を自然に膝に座らせる。もちろん彼は既婚者であることを公言している。

さてC氏は、膝に座らせた女性と、そう簡単に関係を持たない。友達関係を続け、完全に安心させる。長い年月をかけて信頼を得るのだ。

したがって、その後に何があろうとも、女性との交友関係は5年も10年も続く。友情を芽生えさせ、仕事での協力関係も築いている。

膝に座らせてから、友情を育む。これぞ色気男の中級者のアクションである。

大胆に、さりげなく警戒心を解く

「会えることの希少価値」を演出せよ

色気のある男は、仕事を豪快に躊躇なく蹴っ飛ばす。

恋のために立派に社会不適合者になることができる。女性のためにはみ出た人間になることに躊躇がない。

女性とのファンタジータイムへのワープを優先し、仕事をリスケしたりもする。しかも、そのことを周囲に気づかせることはない。

女性は交際して初めて、彼が、大胆に仕事を蹴っ飛ばすことに気づく。「私に会うために、相当な無理をしていること」に気づき始める。

たとえば、仕事を誰かにまかせ、しきりに携帯で指示を出す姿を目にする。彼はそのとき、電話の相手にしらっと言う。「あ、今出先だから、ミーティング終わったら、また連絡するわ」――そして社には戻らない。

「私のために、そこまで大胆に仕事をサボってくれているのね」

それに気づいた女性は、少々悪いなという気持ちと、感謝の気持ちが織り混ざった、複雑な気分になる。

ここがポイントである。

色気男は仕事の電話を終えたあと、仕事の緊迫感を背負ったまま、外行きの物腰で戻ってくる。そして、グイと抱き寄せ、やさしく微笑む。その瞬間、彼は女性にこのうえなき「征服感」をプレゼントする。

オフィシャルな責任を背負った重要人物が、私のために危険を冒して仕事を投げ打っている。

よそ行きのりりしい顔が自分の前で、プライベートの顔に変貌する。「私のためだけの表情」に変わる。

その瞬間——男の服を脱がすときのような、セクシーな空気が生まれる。

この一連の〝劇場〟で会えていることの希少価値を、女性に感じさせる。

仕事を全部終わらせて、携帯をオフにする——そこまで完璧な段取り魔ではないところがまた心憎い。完璧に時間をやりくりすると、女性から「暇な男」と勘違いされかねない。

少し高度かもしれないが、まずは述べたとおりに、体を動かしてみてほしい。これが板についてきた頃には、あなたはもうすっかり、「色気男」の仲間入りだ。

女性に「征服感」を
プレゼントしてみよう

4章

今日から〝これ〟を変えてみよう！

まずは「髪型」「ファッション」「体型」を変える

「男の色気を強くしたい！」――もしそう思うなら、体を鍛えよう。**鍛えた体はすぐに色気を発する。**とくに30歳を超えた大人であれば、効果が確認されやすい。30歳を超えると体力が衰え出す。放っておけばどんどん体力は衰える。しかし、体を鍛えている人は、体力も色気もどんどん増していく。周囲は枯れていくから、どんどん差をつけられる。相対的に見て、「あの人は魅力的！」となる。


なぜ体を鍛えている男性に、女性は色気を感じるのか？

まずは肌に張りと艶が生まれ、血行が良さそうに見える。さらには筋肉美のあるボディライン、無駄な贅肉がついていない体。

女性はそこに色気を感じる。「半袖で腕組みしたときに見える腕の筋に色気を感じます」「がっちりした肩に色気を感じます」――これはよく耳にする女性の声。

以前、あるアンケートをとったときに驚いたことがある。それは「女性は男性の腕の筋が気になる」というものだ。ほかの体のパーツのどこよりも目がいくという。筋張った腕、つまり肘から手首までを見て、女性はセクシーな気分になる。

30代40代になってもモテ続ける、長続きする色気を身につけたいならば、体を鍛え続ける必要がある。

また、ファッションも変える必要がある。

布切れたった2〜3枚の工夫で、あなたの魅力が何倍にも高まる。

特に初対面の場合、印象はその外見で大方決まってしまうと言われる。もちろん、表情や立ち居振る舞い、声なども重要である。

しかし、相手の視覚の多くを制するのは、あなたのその服である。

服には「色気のある服」と「色気のない服」がある。色気が立ち上る服、それを着れば、苦労なく、手っ取り早く男の色気を漂わせることができる。内面からの色気を身につけるには、ある程度の日数が必要だ。それが、服であれば一瞬で、色気を立ち上らせることができる。今こそあなたも「服の力」「服の色気」を借りてみよう。

さて、色気のある服を識別するには、ファッション誌を見ればいい。

そのなかで「色気を感じるコーディネート」を見つける。見つけたら、雑誌に紹介されているショップに実際に行って、同じ組み合わせの服を試着してみる。

雑誌に載っているような服が高くて買えない。そんな人は、別のショップに行って似たような組み合わせの服を試着してみる。

この試着の瞬間の衝撃をしっかり噛み締めてほしい。あなたは、変身した自分に感動する。立ち上るフェロモンに感激する。一度、この衝撃を感じたら、もうファッションの工夫をやめられなくなる。私は過去にそんな人を何十人と見てきた。工夫すればするだけ、ファッションはあなたのフェロモンを強めてくれる。

騙されたと思って、雑誌の購入と、ショップでの試着と、上から下までのセット買いをぜひやってみてほしい。

たった数時間の手間が、あなたのこの先何十年にも及ぶ色気を決める。

とにかくファッション誌を見るのが第一歩

飲み会の幹事は進んで買って出る

仕事はできるけれど、プライベートにおける人間関係力や、対人コミュニケーション力が低い人がいる。ただの「仕事マシン」と思われても仕方のない人である。

仕事の話題以外では、会話にも困るような人。
初対面の人と、何を話していいかわからない人。
みんなで一緒に、盛り上がることができない人。
誰かと知り合い、友達になることができない人。

などである。**このような男性は、おしなべて皆「色気」が乏しい。**

いかに生まれつきの見た目が良くても、あるいは良い肩書きを持っていても、給料が高くても、男性としての魅力がかなり欠乏している。

彼らの最も大きな特徴が、「自分のことにしか注意が向いていない」ということ。「自分が尊敬されるか?」「自分にメリットがあるか?」、それだけを考えている。

相手を楽しませたり、あるいは周囲の人々を喜ばせたりといった、ホスピタリティがきちんと育っていない。

もちろん「飲み会の幹事」も、ほとんどやったことがない。そういう発想がないということもあるが、人望がないというのも、その大きな理由の一つである。

能力主義だけで生きてきた人は、特に気をつけたい。

この人生を生きるうえで、最も大切な基本的教養を身につけなければ、人生は暗い。当人は「尊敬に値すべき自分」と思い込むうえに、なまじ能力が高くなると、周囲もなかなか注意しづらくなる。

この繰り返しが「裸の王様」状態をつくり上げる。こうなれば、もう「色気」どころではなくなる。**女性にモテる以前に、「人間として避けられてしまう」のだ。**

これを防ぐ方法が一つある。

それは、奉仕の気持ちで「幹事」をするということ。誕生会でも、好きなテーマのイベントでも、合コンでもいい。利益を得ずに、ただひたすら皆の笑顔をイメージしながら、「幹事」として奉仕をしてみよう。

そこであなたは、仕事のようにはうまくいかないジレンマを、必ず感じるはずだ。

そして、これを通じて、「本当の生身の人間」になる。

苦労してイベントを成功させた瞬間、参加者の笑顔、そしてかけがえのない思い出を手にする。誰かの笑顔のために、一銭ももらわずに体を動かすことができた――、そんな自分を大好きになれるのである。

物腰や言動は柔らかく、笑顔に満ち、利害関係などなくても、「関わっていたい」と周囲の人に思わせることができる。無味乾燥だった人間の身体に、人間の心が育つことで、その人のなかに自然と「男の色気」も育ち始めるのである。

ここで初めて、肩書きや能力も、その人の魅力の一部として評価され始めるのである。利害が絡む人間関係の調整は、ある意味簡単だ。しかし、利害関係のない丸裸の人間関係の調整は難しい。

あえて、そこで**揉まれることによって、本当の「人間力」を身につける。人生を悔いなく生きるうえで、一番大切な力をつけるのである。**

「利害関係のないつきあい」で自分を鍛える

乾杯上手、注ぎ上手になる

色気男の多くは乾杯上手、そしてお酒の注《つ》ぎ上手である。所作も優雅で堂々としている。さらには会話の合間でも女性に上手にお酒を勧め、自らも飲む。

何かしら乾杯の話題を見つけ、さりげなく周囲を巻き込み、乾杯に持っていく。色気男は酒の場を楽しく演出するセンスが、とても良い。

女性からさらに好かれるのは、さっとワインのボトルを注文してグラスを並べ、注ぐというアクション。これはもはや大人の男性のたしなみ、そして「教養」である。

これなくして、遊び場には出てはいけない。

しかし、これを押さえておくことで、大人の色気は断然違ってくる。自慢話をしたり、カッコつけたりしている暇があったら、一番手頃なワインを注文してグラスを並べ、酒を注ぐに限る。

男の色気の一つも身にまとわない、そんな男性に限って乾杯もお酒注ぎも大の苦手である。自分で自分の分を頼んで、ちびちびと飲むのが精一杯である。

とかく自分のことにしか気が向いていない。

「自分はどう思われているのだろうか?」「場違いなんじゃないだろうか?」——そのような気がかりも含め、常に自分のことばかり考えている。

自意識過剰なのである。**乾杯上手、注ぎ上手になること。それが色気男になる、第一歩である。**ぜひあなたも身につけてほしい。

ここで一つ、コツをお話ししよう。これは出会いの場、クラブやスタンディングバー、あるいは合コンや食事会のときなど、あらゆる場所で使える方法だ。

まず男性として心配なのが「ボトルは高価である」ということ。しかし、実際にはそんなことはない。

その店で一番リーズナブルなワインか、スパークリングワインを早々に頼んでしまったほうがいい。実はそのほうがコストパフォーマンスがよい。

グラスに注ぐ量も半分くらいでいい。一杯一杯お酒をオーダーするよりも、コスト的にも時間的にも効率がいいし、料金はあとで男性同士でこっそり割ればOK。

テーブルの上にドカンとアイスバケットが置いてあり、そこにボトルが存在する。

そのようなテーブルと、そうでないテーブルとでは、そこに漂うセクシー感がまったく違うのである。

ゴージャスに妖艶に、そしてセクシーに見える演出が、割安でできてしまうのだから、やらない手はない。

たとえば４０００円のワインなら、男性二人で割れば一人２０００円。７２０ミリリットルを男女四人で割れば一人１８０ミリリットル。少なめに注げば一人２杯ずつは飲める。これをショットで頼んだら、かなり割高になる。酒も途切れないので、酔いのまわりも順調になる。

何よりもこのボトルとアイスバケットのおかげで、男側の動きが心なしか優雅になることが嬉しい。色気が倍増するのも当然である。さあ、さっそく次回から試してみよう。

自分ではなく、周りに目を向ける

「仕事の被害者」になってはイケナイ

色気のある男は、いつも余暇の楽しい時間の余韻を背中に漂わせている。楽しかった体験を、いつでも誰かに話せる。そんな特徴を持っている。**直近の楽しいこと、嬉しいこと、ドキドキしたことを話せることが色気につながる。**仕事に忙殺され、カラカラに乾き切った状態とは無縁なのである。

別の言い方をすれば、**たとえどんなに大変な仕事をしていたとしても、決して「仕事の被害者」にはならない。**自分の心のキャパシティのなかに、必ず遊びの余韻を保ち続けているのだ。

彼らは仕事に没頭しすぎたり、マンネリの生活をしたり、規則正しすぎる生活をすることにより、自分の色気が消えてしまうことを知っている。

だから、仕事をほどよいところで人にまかせ、管理する側にまわり、自分は色香のある場所に行って、フェロモンを強化するといったことを欠かさない。男の色香そのものも、自分のビジネスセンスあるいは人望、そしてビジネスをより円滑にまわすための、「人間的資産」であると判断している。

色気男は、遊びの時間を欠かさない。

まるでスポーツで心身を鍛えるように、色香漂う時間を通じて自分を磨く。いつでも色気の漂う人間でいられるように、トリートメントするのである。

がんばることはすばらしいこと。たしかにそうだ。働き盛りの30代40代においては、気がつくと仕事に没頭しているという人も多いだろう。むしろ、その流れに乗っておけば「生活」は危険にさらされない。

しかし、この考え方が男の色気を奪う。

帰りの電車のなかで眠りこけたり、呑み屋街を酩酊して闊歩する、色気の一ミリもない、女性とはまったく縁のなさそうなスーツ姿が、世の中の景色の7割を占めている。それが現実だ。

気がつくと、仕事に没頭していて、それをとったら何も残らない生活。仕事の犠牲者が大量生産されている。

こうなってはおしまいだ。色気どころではない。

こうならないように、命懸けでオフを勝ち取り、そして色香を吸収しよう。そして遊びの余韻を身にまとおう。仕事の被害者になる前に遊びで自分を整えよう。

業種によっては、なかなか難しい境遇の人もいるだろう。

しかし、それでも隙間を縫って、色香の漂う場所に顔を出してほしい。風俗やキャバクラではない。そこでは実力は磨かれない。

野性の女性との対話を楽しむ。ぜひ時間を捻出してがんばってほしい。

遊びの時間は色香のトリートメントタイム

弱音こそドラマティックに語れ

色気のある男になるためには、上手に弱音を吐く技術を身につけたほうがいい。

弱音を吐きすぎる男は、もちろん女性から嫌われる。

しかし、その逆に弱音をまったく吐かない男も、女性から見ると、とてもモノ足りない。「私にちっとも心を開いてくれない」――そのように女性に思わせてしまうからだ。**ほんの少しの弱音を、上手に、そしてドラマティックに吐く。**それによりあなたも色気男の仲間入りをすることができる。

さて、この女心を酔わせる、「弱音をドラマティックに吐く」という手法。具体的にはどのようにすればよいのか?

私の知人に、「ドラマティックな弱音吐き」を使って、女性の心をつかむ男がいる。女性が「放っておけない気持ち」になり、彼のためにどんどん、手を貸そうとする。そこには恋愛感情も芽生え始め、女性はとことんのめり込んでいく。

彼が使っているのが、弱音を吐きたくなるまでの過程を、すべて肯定的な言葉で、まるで物語を口ずさむように感動的に語り、そして失敗の瞬間までも、ほろりとくるような口調で、淡々と客観的に語るというもの。優しい口調で語るのである。

そして、最大の特徴は、誰のことも悪く言わないということ。誰かを悪者にせずに、実際に起こっている、大事な事象だけを語るという点である。

これなら聞かされたほうも、気分は悪くない。誰も否定せずに起こった事象を微量に嘆く。相当こたえているのだろうけれど、それを噛み殺すように、男らしく耐えて、笑顔をつくる。この手口なのである。

そしていつもよりも、少しだけ酩酊してみせたりするのだ。

どうだろう？　もし今、目の前に何か大きな問題を抱えていたとしたら、もしかしたら色気男になれるチャンスかもしれない。

転んでも、ただでは起きない色気男を、目指そうではないか。

さて、そうは言われても、こんなあざとい方法はイヤだと思う人もいるだろう。

そこまでして色気を売りたくない、モテたくない。

もし、他人から勧められたら、私自身もそう思うかもしれない。

しかし、これをすることは女性にとってもメリットがある。人生経験の山と谷、光と闇、その一部始終を耳にすることは、聞いているほうの人生にプラスになる。人生、本を読んだり、あるいは実録ドラマを見て「何かを得た気持ち」になれるのだ。

あなたは彼女に、そういった意味の「教材」を差し出す気持ちで、語ればいい。そうすれば罪悪感や、あざとく男らしくないといった違和感は消える。

先ほど「淡々と客観的に語る」と言ったが、客観的に冷静に語ることで、それは愚痴や弱音ではなくなる。まさに「人生訓」となるのである。

そして少なからず、当事者を前にすれば彼女の心は動く。情愛も微量ながら生まれる。しかも、それを気丈に取り乱すことなく語る、あなたの強さに感心する。

ほどよく毅然とし、ほどよく傷を負った「生身の戦士の香り」は、色気と化して彼女の嗅覚に潜り込む。くれぐれも、悲嘆に暮れてはいけない。あたかも他人の出来事であるかのように、客観的なドラマティックさ、冷静な視点を忘れずに語ってみよう。

決して折れずに、腐らずに。

苦悩を噛み殺し 生傷をさらすべし

気遣いよりも大事な「ツッコミ」と「イジリ」

気遣い「しか」ない男は、女性を魅了することはできない。色気を感じさせることも難しい。もちろん、「紳士的」な姿勢や、「細かい気遣い」がさりげなくできる男性は人気が高い。これらの要素なしに、女性と向き合うのはかなりのハンデとなる。

しかし、**「気遣いばかりして自分を持たない男」からは色気は消え去る。**

野球にたとえるなら、力みすぎてボールがバットの芯に当たらずに、努力も空しく、ファウルが多い状態に似ている。

追い打ちをかけるようだが、ここで女性の本音を言おう。

女性からすれば、過度な気の遣われようは、かえって居心地を悪くする。息が詰まるのだ。「私も気を遣わなきゃいけないのかしら?」、そう感じさせてしまい、窮屈な状態に追い込んでしまう。

さて、さらに突っ込んだリアルを言おう。特に大阪を中心とする関西地区においては、「優しすぎる男」はつまらないと判断される。

大阪から東京に来ている女性と話すと、「東京人は冷たい感じもするが、女性に優しい」というコメントをよくもらう。それはほめ言葉であると同時に、ある種の指摘も含む。もっと聞くと、「ツッコミがないからおもろない」「薄味や」と、本音を吐露する。「グイグイこんからつまらん」――それが彼女たちの本音だ。

女性がボケたら、「なんやそれ」と間髪入れず返す。これはもはや一般教養であり、こう返すのが〝マナー〟なのである。

気遣いの代わりに上手なツッコミや、イジリを心がける。前に出る。そのほうが、実は女性を心地よくする。「お行儀よくしなきゃ」という壁が壊れ、肩の力が抜ける。

「紳士的な気遣いができる男がモテる」

その言葉を信じすぎたり、気遣いが細かくなりすぎて嫌われる男性。

あるいは女性の顔色をうかがいすぎて、ビクビクする男。

残念ながら、彼らは女性に色気を感じさせることはない。

下手《したて》に出すぎて、サービス過剰になることは誰にでもある。まあ、惚れた弱みは仕方ない。

しかし、ここがふんばりどころ。奉仕だけではダメなのだ。強いツッコミで踏み込む場面をつくれなければ、恋は始まらない。相手の女性が、あなたから「色気」を感じ取ることは永遠にないのである。

もしあなたが「色気のある男性」を目指したければ、必ず「ツッコミ」と「イジリ」を忘れてはいけない。

完璧な所作や対応は、かえって女性を緊張させてしまう。

完璧な大人の男の体《てい》で包み込む、あるいは王子のように振る舞う。

これが功を奏すのは最初だけ、そのうちそれが当たり前になり、やがて、あきられる。

ジェントルマンな〝だけ〟では、いけない。女は男の「力強い雑さ」のなかから「オスの色気」を嗅ぎとるのである。

顔色うかがいだけじゃ恋は始まらない

5章

世界の半分は「女」である

まずは素直になって
女にときめこう

不思議なおまじないを、一つお教えしよう。

女は星の数だけいる！　そう思ったとたん、フェロモンが噴き出す。

これを毎日のように意識することで、あなたはどんどん色気男に変身し始める。

これはあなたの脳を、本来のあるべき状態に戻すエクササイズである。健康的な状態への回帰である。

「私はまじめな男ですから」「そんな遊び人ではないので」――そんなことを真顔で言ってしまう人こそ、この思考訓練が必要である。そういう人は、たいてい自分の人生を生きにくくしている。性格など関係ない。思考が変わり生活習慣が変われば、対女性への言動パターンなんて簡単に変わってしまう。

そもそも「女は星の数ほどいる」はオスの本能からして、理にかなった感覚である。

オスは本来、子孫繁栄のために、複数のメスに興味を持つようにできている。

しかし、多くの人はそうした本能を抑えて日々を生きている。そうしないと社会生活がままならず、人間関係のトラブルが続出するからだ。

ただし、それをうまくやってのける男たちがいる。

今、あなたが目指そうとしている、色気男たちの群れは「女は星の数ほどいる」と明確に認識し、世の中のあらゆる女性に「恋の予感」を抱く生活をしている。

彼らはそれがゆえに、オスフェロモンを放射し続けることができている。

街行く女性を見ては恋を想像したり、取引先で新たに出会った女性とランチをしたり、あるいは夜の出会いの場所で新しい女友達を増やしたり、さらにはパーティで出会った女性と夜景を見に行ったりと、常に自分の精神を「発情」させているのだ。

これはスポーツによる体力づくりや、健康増進などとよく似ている。常に走っている人の心肺は走っていない人よりも強い。余分な脂肪がたまらず、血液も健康である。血行も良く、見た感じもハツラツとし、仕事もバリバリこなせる。

男の、フェロモン活性のエクササイズも同じこと。

常に発情する、あるいは女性との時間を過ごす。それだけで日々色気が活性化していく。この継続がどんどん色気を強くする。心のなかで、女性にときめく習慣を持とう。継続は力なりである。

あなたが「女は星の数ほどいる」のを信じ切れないのは、生活スタイルのせいでもある。たくさんの女性がいる場所に行けば、それは一目瞭然。

閉ざされた狭い箱のなかにいて、外の世界の「星の数ほどの女」の存在を信じ切れなかった自分を心底嘆くはずだ。「もっと早く外の世界を見ればよかった」と。

あとはどこに住むか？　生活スタイルをどうするか？　仕事をどうするか？　余暇時間をどう過ごすか？　どんな男たちとつきあうか？　その限られた選択のシフトだけである。ほんの限られた決断と方向転換で、人生なんて簡単に変わる。

「星の数ほどの女」に囲まれ色気を放つ人が偶然いる。その逆に「枯れ果てた環境で色気まで枯らした人」も偶然いる。

ただの偶然であれば、それは変えられる。思い切ってシフトしてみればいい。

変わること、そして新しい自分を継続すること。それがあなたには必要な気がする。一気にではなくとも、まずは少しずつ動き、心の可動範囲を広げていこう。

そうすれば、きっとあなたも、「色気をまとう男」になれるはずだ。

女は星の数だけいる！　と、心身にしみ込ませる

「欲望のない女はいない」と知る

「女性は欲望を持つ生き物であると認識する」

そう考えるだけで、あなたの色気は倍増する。

どんなにキレイに着飾っても、女性もあなたと同じ欲望を持つ生き物なのだ。好きな人に愛されたいし、秘密の恋をする女性だって数えたらきりがない。物欲も食欲もある生身の人間である。

欲望のない女性などいない。

こう思うと、女性に接するときの、行動パターンが変わり始める。

女性を美しい生き物だと勝手に神格化する思考と決別しよう。自分と同じような「欲望」を持つ生き物と認識し、女性の「欲望の形」を知ることだ。

ここで大切なことがある。

「女性の欲望と自分の欲望の接点を探す」ということだ。一致した場所で接近する。

たとえば「彼氏はいるけれど、物足りないから、交際しないまでも、デートっぽい雰囲気で会える男友達がほしい」。そう思っている女性の欲望に気づき、そして自分はそれを叶えられる男だよということをサラリと伝える。

もっと身近な話で言えば、今日は浴びるほどお酒を飲んで、歌って叫んで踊りたい。

そんな欲望を持っていることを聞き出したら、一緒に楽しんであげる――ということだ。

「女性は浮気などしない」

「酒を飲んで絶叫したり、踊ったり、そんなこと女性が好むわけがない」

そんな偏った型にあてはめて、女性を見てはいけない。それはあなたの人生の視野の狭さを押し付けるようなもの。そんな男は女性にとっては、居心地が悪いだけである。

俺と同じ、欲望の生き物だよね。そう認めて、見つめる、話す、受け止める、許容する、静観する、一緒に欲望を満たす。

これであなたの色気は、一瞬で倍増するだろう。

試しに女性にこんな質問をしてみるといい。

「人肌恋しいときってどんなとき？」「イチャイチャしたくなるときってある？」

ほんのお試しでいい。爽やかに、当たり前であるかのようにサラリと聞く。

すると当然のごとく、「うーん日曜の夜かな」だったり、「素敵なドラマ見たあととか……恋の曲なんか聴いたときかな」などとストレートな答えが返ってくる。

こんなやりとりをしただけで、あなたと目の前の女友達との会話は一気に華やぎ、二人の間に存在する空気に、色めきが生まれるのである。

互いに恋の意欲を持つ男と女として認識し合い、色めく距離感をつくることができる。相手が自分を一人の人間として受け入れていると、感じることもできる。**交際はせずとも互いに魅力を感じ合える仲。このような空気感は、どんどんつくったほうがいい。**

女性の色めきを導き出しながら、自分も色気を身にまとうことができるようになる。

女性も自分と同じ欲望を持つ生き物——そういう視点でコミュニケーションしよう。

胸の鼓動の高鳴りに比例するように、あなたの色気も増していく。

女性の欲望の周波数をキャッチせよ

複数の女性のことを「少しずつ好き」になる

色気のある男になりたければ、複数の女性のことを「少しずつ好きになる」状態をつくるのがいい。微量の恋愛感情を複数の女性に対して持つことで、あなたは確実に「色気のある男」になることができる。

なぜこんな一見ヨコシマなアクションが、あなたを色気男へと導くのか？　その理由はシンプルである。たくさんの女性に対して恋愛感情を抱く、あるいは性的な興味を持つことにより、頭のなかが恋愛状態、あるいは発情期の状態に変わるからである。

いわゆるオスとして「つがい」になるための、あるいは子孫を増やすための、臨戦態勢になるのである。

寝ても覚めても、仕事をしていても、頭の片隅、欲望の一角に「あんな女性、こんな女性」との恋愛シーンが、鮮明に浮かび上がっているのである。

いわば、興奮状態のまま毎日を送ることになる。

そして、それを達成するための実際の行動が重要だ。これをしっかりやる。

実際に体を動かして、ああでもない、こうでもないと工夫しながら、練習しているうちに、本当に何かが起きる。

室内で妄想するだけの、「恋愛シミュレート」だけでは色気は出ない。

実際に行動をし、頭のなかに興奮と達成感を一つずつ積み重ねる。

これにより色気は立ち上る。その状態をつくるために、複数の女性を少しずつ好きになろう。


なぜ「少しずつ」なのか？

全員に告白してしまえば、そのなかの何人かからは必ず敗北感をつきつけられる。そこで敗北感を味わったあなたは、決して立ち直れない。そうではなく、**細く長く「女性への恋愛感情」を維持するのである。**

大切なのは、「誰かのことを好きな状態を維持する」こと、「その状態のまま本人と良好な関係を維持する」ということだ。

それにより、「誰のことも好きではない」「気に入った女性と長期間、良好な関係を維持したことがない」といった状態から脱出できる。

告白して関係を壊したりせずに、良い関係を維持しよう。

5人、10人とターゲットの女性が増えれば増えるほど、あなたの色気は、見違えるほどに強くなる。

そして、毎日が恋をしているようで、楽しくて仕方なくなるのである。

頭のなかを「常に発情期」にせよ

「セクシーな関係」を目指す

色気のある男は周囲に、「好きな女性」をコレクションする。妻でもない、恋人でもない。友達として良好な関係を維持する。

そのなかの誰かといつでも会い、そして会話を交わし、相手の女性のフェロモンを吸収する。そして自分のオスフェロモンを強化し続ける。ちゃっかりと不特定多数の女性と、仕事などの関係ではない、人間対人間の関係を築くことができるのだ。

深い内面のつながり、絆、心の底でつながった一体感。

これこそが、互いの「男としての艶やかさ」「女としての艶やかさ」に、磨きをかける。身体的なコミュニケーションだけでは到達し切れない域の、「男女のメンタルフェロモンの交換」が可能になるのだ。

10年、20年、30年続く、自分好みの女友達。恋の予感のする女友達をたくさん持つ「色気男」を何人か知っている。彼らは青春時代に知り合った、「つきあいたいな」と思うレベルの女性をそのまま、何年も保持している。

そして、ときおり会って、昔の思い出を語らいながら、ある意味では「彼女たちの夫」よりも深い存在感を放つ。私はこの関係を、とてもセクシーな関係であると思う。

色気男は昨日出会った女性も、この方法で自分の周囲にコレクションする。

じっくりじっくり、大樹を育てるように関係を育て、信頼を築き、女性の色気に囲まれ、毎日を過ごすことができる。潤沢な色気の資産から、「フェロモン」を摂取し続けられる。そんな人生を過ごせるのである。

さて、ここでとても大事なことが一つある。**「美人の女友達を複数つくる」**ということだ。**色気のある男になるには「美人の女友達を複数つくる」のが最短距離である。**

なぜ「複数の美女友達」なのか？　それは、そのほうが最も長く、継続的に、さまざまな女性からの、上質な刺激を受けることができるからである。

美人慣れしてない人は、目がくらんでしまい、まっしぐらに心を奪われ、そして告白してもうまくいくはずがない。誠意や実直さで落とせるほど、美女は甘くはない。だからこそ「安全な友達」になる。

美人の多くは出会うたびにすぐに口説かれ、そのほとんどは交際に値するレベルの男ではなく、申し出を断ることになる。そして気まずくなり、交流が途絶える。互いが深く知り合う前に、関係は壊れてしまう。

だからこそ友達になってあげるのだ。

美女にとっては、あなたは貴重な男友達となる。ハイレベルな美女は、男友達ができにくい。そのことに不満とコンプレックスを感じているのである。

そこで、手が届く男に、あなたがなるのである。

しっかり美人と見つめ合い、慣れることに意味がある。この間、あなたのオスフェロモンは確実に強くなる。

私の知人の広告代理店に勤務するA氏（37歳）はまさにこの方法で、「男の色気」を維持することに成功している。

生まれもっての男の色気や、モテ度に関しては決して強いとは言えないAさん。

しかし、美女友達を増やすことにより、確実にその色気を増強することに成功している。

さあ、あなたもまず最初の一人の美女友達をつくることから始めよう。

ただし、**決して口説いてはいけない。恋もしない。**

恋するとしたら、心のなかだけにしておこう。

恋の予感がする美女友達を一人でも多く増やす

オスの奥行きは「秘密のパラダイス」で決まる

色気のある男は、秘密のパラダイスを持っている。

表面上に見えている、あるいは想像させる「男の世界観」。その奥に、想像を絶する世界観があるか？　ないか？　それで男の色気は決まる。

生活のなかに、とんでもない奥行きを持っているのが、色気を放つ男の特徴だ。

表面上に見えているもの。そんなものは「常識的な大人のフリ」をするための仮面に過ぎない。通行手形のようなものだ。

表面に見えている世界だけで表現できる「色気」など、たかが知れている。

本当の男の色気。

それを放つためには、漏れあふれ出る色気、それをまずため込み、熟成させなければいけない。そして適宜、上手に垂れ流す。

しかし、それは小手先の努力や仕掛けでは難しい。時間と労力をかけて、生活のなかに秘密のパラダイスを持たなくては、成し得ないのである。

ここで言うパラダイスとは、あくまでリアルな世界を指す。密室でマンガを読む。これではいけない。色気などはいっこうに身につかない。

人と触れ合う舞台でこそ、色気は育つ。

そこで人と関わり、リアルな景色を見る。そして、心と体と口を動かし、命のエネルギーを燃やす。脳内にドーパミン、快楽ホルモンを思い切り分泌させる。

この一連の作用が必須となる。


たとえば週末に仲間とヨット遊びに興じる。

マラソン大会出場を目指して仲間と練習に勤《いそ》しむ。

仲間と山登りに興じる。

参加者全員を感動させるようなイベント主催に本気で取り組む。

バンドを組み、ライブを目標にする。

友達と旅を極める。


このような、人と関わりながら心の底から楽しめる空間をつくる。

奥行きのある舞台で、自分を完全燃焼させる必要があるのだ。そうすることでこそ、「男の色気」は磨かれる。

家でゴロゴロしていたり、読書をするだけ、あるいはサウナに行ってビールを飲んで寝るだけ。

もちろん、これらが悪いわけではない。しかしこれでは、「色気」は育たない。

会社と家以外にパラダイスを持ち、そのことを楽しそうに語る姿に女性は引き込まれる。**プライベートに奥行きを持つ男性は、初対面の女性に対して、色気を放射し、伝播し、自分の世界に引き込める。ロマンのある世界観が、色気となって立ち上るからだ。**

さあ、あなたの「プライベートの奥行き」とは何だろうか？ 自分で汗してつくり上げる。そのアナザーパラダイスが、あなたの色気を増強するのである。

「会社」と「家」以外のパラダイスが色気をつくる

女は縛らない、囲わない

色気男は女性を酔わせる達人である。

自分自身の存在感や、言葉、所作といった「魅せ方」で、女性を酔わすだけに留まらない。

そのわかりやすい象徴が、「女性を縛らない」というスタンスだ。

気に入った女性、あるいは関係を持った女性、そして交際相手であってもほとんど縛ろうとしない。

たとえば気に入った女性ができたとしよう。

もちろん自分から食事に誘ったり、あるいはグループでの再会も試す。

しかし、そこから先、相手からの反応がよろしくなければ、それ以上追うことはまずないのである。あるとすれば「またみんなで遊ぼう」といった、頭数が必要なときだけ。つまり、**反応が薄い女性に執着せずに、自分に興味や好意、好感を抱いてくれた異性とだけ仲良くする**のである。

さらに関係が深まり、恋愛関係に発展しそうになっても、自分のもとに囲い込もうとする「決定的発言」をしない。特にすごいのは、「嫉妬を見せない」ということだ。

ここで女性のなかに、ある化学反応が起こる。

「放っておかれた。嫌われたかな？」というマイナス感情が生まれるのだ。

「きっと彼が私を思う気持ちよりも、私が彼を思う気持ちのほうが強いのよ」

そのような心境に、女性を追い込むのである。

なぜこうも色気男に、余裕があるのか？　それには二つの要因がある。

一つは「ほかに同じように、互いに好意を持つ異性が複数存在しているから」である。

好意のラインが、広く浅く四方八方に走っている。その全部を、心地よく楽しんでいる。だから嫉妬しない。それに彼らは一対一の不毛な縛り合いをするよりも、そのゆるやかな状態が一番、平和で楽しいということを知っているのである。

さらにもう一つ。色気男は、意外と自分の感情のすべてを外に出すことは少ない。すべてを表現し切ることが少ないのだ。だからこそそれが、女性を前のめりにする効果を持つ。

「私からアプローチしたり、接点を持たないとダメなのね」

そう思わせるきっかけが、つくれるのである。

色気男は基本「受け身」。そして「来たら受け入れる」スタンスなのである。おわかりいただけただろうか？

色気男は、女性から見れば、「出し惜しみをする存在」「もどかしい存在」なのである。交際後も行動を詮索したり、あるいはほかの男との関係を勘ぐったりもしない。

モテる女性たちからすれば、この色気男は実は絶好の彼氏なのだ。自分の気持ちが高鳴ったときには受け止めてくれる。ほかの男性と関わる猶予も与えてくれる。

一見そっけない色気男。彼らが、「魅惑的ないい女」をステディにできる理由はそこにある。

常に「受け身」で嫉妬は見せない

「縛る女」に気をつけろ!

あなたが色気のある男を目指すためには、絶対に気をつけなければならないことがある。それは**「縛り癖のある女」と交際しない**ということだ。あるいは**奥さんに選んでもいけない。**

女性からの精神的な縛り——これが「男の色気」を激減させてしまう。

なぜこの縛りが男の色気を破壊してしまうのか？　それは「罪悪感を植え付けられる」からである。

「ほかの女性の色気を感じてはいけません」「ほかの女性に色気を感じさせてはいけません」——そんな呪文を24時間、常に頭のなかで意識する羽目になる。

さらには「私の心を乱すような疑わしい行動をしてはいけません。それをしたあなたは罪人です」——洗脳的呪文を脳に刻み込み、生活する。

この状態が、男の色気を根こそぎダメにする。

パソコンで言えば、重要なソフトにウイルスが侵入し、動きが悪くなるのと同じ。奔放に色気を発し、女性たちとの心の触れ合いや、心の高鳴りを自由に楽しむこともできなくなる。

私はこれまで、艶やかな色気男が「縛り癖のある女性」と交際を始めて数カ月で、どんどん色気も魅力もなくしてゆく姿を何十人と見てきた。彼らはみるみるうちに色あせ、輝きを失い、結局「別れたい」と口走るようになった。

晴れて別れる頃にはもう色気は消えさり、色気を取り戻すために相当期間のリハビリを必要としてしまうのである。

あなたにはこうなってほしくない。そのような状況にならないように、交際する前に、その女性の過去の恋愛パターンを、しっかり確認しなければならない。

そうしなければ、あなたの「色気男への道」は、たった一人の女性のために大きく狂わされてしまう。**目の前の女性の過去の恋愛パターンは、実は出会った瞬間のほうが聞きやすい**のである。

方法は簡単。食事会やパーティでの会話のなかで、「恋話」を仕掛ければいい。

「みんな女の人ってどこからが浮気なの？」や「彼氏が、ほかの女性たちとご飯食べたりするのは平気だよね〜？」と世間話のように繰り広げる。

そうしたなかで、「縛り癖のある女ない女」を見極める。このようにして、しっかり相手を見極めよう。

精神的な縛りのない関係ならば問題ない。他者へのときめきに関しても、放任し合える。そんなカップルを目指す。そういう夫婦は、何歳になっても素敵な色気を放つものである。

色気を奪う女は たった一つの質問で識別できる

「リアルな出会い」の貯金をせよ

素敵な異性との出会いもない生活のまま、男の色気を磨こうとしても、それには無理がある。

そして**出会った人と、その場限りではなくつながる。これを繰り返そう。月に二人でも三人でも、異性としてのときめきを感じながら出会う。**

魅力的な異性と出会い、そしてその後も「つながっている感覚」を維持しながら、日々を過ごす。これによりあなたの「色気」はどんどん活性化する。内面から色気が立ち上る男になることができる。**リアルな出会いをつなぐ、そのツールとして最適なのが、LINEやFacebookなどの活用である。**このツールを活用すれば、出会いの場所で、すんなりと相手の連絡先を聞き出すことができる。

メルアド教えて？　電話番号を教えて？　よりも気軽に交換ができてしまうのだ。

さて、ここでさらに色気を強めるための提案がある。そこで出会った女性とFacebookやLINEで、日頃からコミュニケーションをとるということだ。Facebookに〝いいね〟をしたり、LINEでスタンプを送る。そして「素敵な異性と自分はいつもつながり、そしてともに今を生きているんだ」という自覚を持つ。

これだけでもあなたの心は高揚し、それが表情や物腰にも良い影響を与える。

まずは、人が集まる場所に毎週一回は顔を出すことだ。そうしているうちに、仲間が増え始める。恋人を探そうと焦らずに、まずは魅力的な異性友達を5人、10人と増やしていこう。

それが色気のある男へと、自分を成長させる柔軟体操なのである。


さて、ここで大事なポイントが一つある。魅力的な異性とつながったことで浮き足立ってしまい、舞い上がったメールを送りまくってはいけないということ。

女性は「完全に舞い上がって、我を忘れて私に心を奪われているな」という空気を敏感に感じ取る。それで一気にあなたは「審査される側の存在」となってしまう。つまり、追いかけたい存在ではなくなるということだ。

よく見かけるのがFB上で、会ったこともない美女に友達申請を送り、女性側が商売っ気も含みそれを許諾。「キレイですね」「今日も素敵です」と、まるでアイドルのおっかけのようなコメントをする。それに対して「ありがとうございます」と書かれ舞い上がる男性たち。それは完全に対等な男と女、あるいは友達関係とは言えない。

実際に会ったことがある場合でも同じこと。こうした一方的な感情の吐露はときに、「不気味がられる」から注意したい。

さらには積極性には少し自信があるが、対人バランスが悪い男がやりがちなのが、すぐに気持ちを打ち明けてしまう、「僕なんてどうですか?」メール。

これも絶対にやめておこう。男として自信のない生活をしている生き様が一瞬でガラス張りになってしまう。これは人前で裸になるより、恥ずかしいことだ。

あくまで平常心で、落ち着いてコミュニケーションをし、異性人脈の貯金をしてゆく。半年、1年かけて、存在をなじませてゆく。人脈持ちになったつもりでゆったりと構えよう。気持ちを抑え、少しクールになりながら。それがあなたの余裕を増強し、爽やかで、おおらかな色気を醸し出すことにつながる。

ベトッとした「あわよくばオヤジ」のような、痛いオーラをまとわずに済むのである。

出会った女性には さりげないメール以外送ってはいけない

出会いはとにかく「慣れ」で決まる

色気のある男になりたければ、とにかく「出会い慣れ」が不可欠だ。独身だろうが、既婚だろうが、出会いを枯れさせてはいけない。

出会い続けることで、あなたの心身は本能的にオスを取り戻すことができる。

なぜ、色気のある男になることができるのか？　それは、ほかの肉食のオスの群れにまぎれて、異性との出会い競争が行われるからだ。その競争のなかに身を置くことが人間のオスとしての本能に火をつける。本来のオスらしさを育てるのだ。

さらには目の前に出会いを求める女性がいて、その女性たちとより良いコミュニケーションを楽しむための努力をする。とてつもない集中状態でそれを行う。

この鍛錬があなたのオス力を強くするのだ。知り合いの女性とばかり、あるいは魅力を感じない女性とばかり話していても、このオス力は絶対に鍛えられない。

これは慣れない人にとっては、かなり打ちひしがれ疲れる作業である。

楽しいこともあるが、女性との会話がうまくいかなかったり、そっぽを向かれたり、あるいはほかの男性グループに女性を盗られたりと、ショックも味わう。あるいは「自分はなんてダメなんだ」と、落ち込んでしまうこともある。

しかし、この状態をいかに楽しみ、そして自分を成長させるかが大切だ。

自分の魅力のなさを思い知らされ、無視されたり、「話しかけないで」という顔をされたりするが、それには必ず理由がある。

その理由を推測し、改善策を考え、克服するように努める。

そして少しずつ、連絡先を交換したり、仲良くなったり、親しみのある会話をしたりすることで、地道に「自分を慣れさせる」。この意気込みが必要なのである。

街に行けば、その日に出会った素敵な男女が、火遊びの恋愛ごっこを酒の勢いも借りながら、美しく演じている。その実態は10代より20代、20代より30代のほうが激しい。その日のうちにお泊まりしてしまう男女だっている。身なりも中身も品格のある、きちんとした、それでいて華やかな大人たち。彼らが自己責任のもと、誰も傷つけることなく突発的恋愛を楽しんでいる。

彼らのような色気を武器に、人生を楽しむ人間になりたければ、ただただそれになじみ、そして慣れるしかない。

昔はからっきし異性に相手にされなかった人が、見違えるようになった事例など、そこらじゅうにある。人間誰でも変われる。次はあなたの番だ。

あなたが今向き合う壁とは「初対面の人と話すときの緊張感」「うまく話せないコ

ンプレックス」「肩書きに対する引け目」「見た目のコンプレックス」だろうか。その高い壁を、よじのぼるような覚悟で克服する。そのために長い長い苦しさとも向き合う。これに耐えることで、男の色気を身につけられる。まるで運動不足だった体を、一年かけてつくり変えるような覚悟で〝自分づくり〟に徹してみよう。

やがて初対面の痛みや緊張は消えてなくなり、出会い続ける生活になじんでゆく。

世の中には出会い続けることを、心の底から楽しんでいる人たちがいる。20代でも50代でもそれは変わらない。しかも、その人たちだけに出会いのときめき、そして男女の色めきが集中している。

それが現実だ。その仲間入りができるかどうか？　それはあなた次第である。

人間、誰でも変われる。次はあなたの番

そっけなくする余裕を持つ

色気のある男は、女性に対して驚くほどそっけない。良好な関係を築いているにもかかわらず、あるとき突然、女性に対してそっけない態度をとる。その瞬間にこそ、女性の恋心が燃え上がる。

相手を男として四六時中意識し始める。

色気男は、これをわざわざ戦略として行うのではなく、あくまで自然に行う。

たとえばこんなやりとりを見かける。

出会って2カ月、二人で会うこと二〜三回。友達以上恋人未満の関係が築かれつつあるとき、女性がこう打ち明ける。

おそらく、彼の真意を確かめるための意味も含めて。

「最近、言い寄られてるの」

通常、余裕のない男ならばここで絶句して青ざめる。

敗北感と嫉妬心が体中を駆け巡る。場合によっては怒りを抱き、ひどいときには「思わせぶりな態度をとっておいて……」などと言ってしまう。

純粋なだけの男はここで終わってしまう。友達関係までも、この一言で破壊してしまうのである。

しかし、「色気男」はこう答える。

「あっそうなんだ。そっか、いいね。大切にしなよ。うまくいきそうなの？」

女性は「うん、ありがとう」と答えていいのか、「まだわからないの」と答えていいのか、あるいは「え？　いいの？」と素直に答えていいのか、わからなくなり、心をかき乱されてしまう。

そして同時に、「え？　私はあなたの恋人候補に入ってなかったの？」となる。

二人の間に、ずっと存在していたかもしれない、「透明な壁」の存在にショックを受けるのである。相手にショックを与え、揺さぶるつもり、あるいは謝るつもりが、自分が揺さぶられてしまう。

「もう！　何なのあなたは！」

ここで女は癪《しゃく》に障る。次に新しい男ができたとしても、そのままズルズル色気男にも心を奪われ続けることになる。

「去りゆくもの、逃げゆくものは魅惑的」なのである。

ルアーフィッシングにたとえれば、ルアーは踊りながら魚の前を素通りし、逃げるようにして去るからこそ、魅力的なのだ。だから魚は食いつく。

しかし、ルアーが魚に向かっていったなら、魚は敵と勘違いして逃げてしまう。人間の色恋もこれと似ている。

色気は、追う行為からは醸し出すことはできない。苦しくとも、本当は懇願したくとも、我慢する。

それが、あなたの色気を増強することに、つながるのである。

踊りながら魚の前を素通りするルアーになれ

6章
こんな男には絶対なるな！

「学歴」「金」「肩書き」の自慢が〝色気〟を殺す

色気のない男に限って、とかく異性との出会いの瞬間に、自分の「学歴」「年収」「育ち」「勤務先」を前面に押し出してアピールする。

この瞬間、女性はおろか、周囲の男性たちもいっせいに引いてしまう。

この自慢屋は、女性が社交辞令で「すごいですね」と言うのを真に受けて、あちこちで自慢しまくる。

自慢する男は魅力がない。それどころか、場の空気を悪くするマナー違反を犯している。

女性にモテないのはもちろんのこと、男性であってもあまり関わりたいとは思わなくなる。せっかく魅力的な面を持っていても、そして色気が漂っていても、この自慢によってすべてが台無しである。

「努力した結果なんだし、いいじゃないか!」——たしかにそれは努力をした結果であるかもしれない。ただ、それを自分から「どうだ、すごいだろう?」と言ってしまった瞬間、人間的にすべて否定されてしまうのだ。

この手の自慢話をする男性の多くが、〝付属品〟を取り除いた自分にまったく自信がなく、さらには会話もつまらなく、性格的にもややこしい歪みを持っていたりする。

その内面の破綻に周囲はすぐ気づく。

自慢が始まった瞬間に、壁をつくり、距離を置き、ただの痛々しい〝物体〟を見るような視線に変わる。

また、初対面の女性との会話の口調が、仕事口調のままの男性。これも実はよろしくない。こうなると色気どころではない。男性からすれば「なんとか自分の立ち位置を維持しなければ」とけなげに、必死に会話をつなごうとしているのだろう。

出会いの場に慣れていない男性が、意を決してそうしたところで知らない女性と話す、その姿勢は賞賛に値する。ただし、いつまで経っても、取引先と話すときのような敬語のままでは、少々痛々しい。女性からすれば、息抜きに来ているにもかかわらず、四角四面、まるで仕事中のような口調で話しかけられても苦痛なだけである。

どんなに仕事ができる人でも、どんなに成功してお金持ちになった人でも、仕事中の自分の思考回路、そして人格はいったん脱いで横に置かなければならない。

プライベートでは仕事を切り離し、一人の人間として、もっと自由に、解き放たれた姿で、異性と会話する。それがあなたのため、そして周囲のためになる。

キャバクラなどの有料サービスでは、お金を払っているから、貧相な話術でも会話が成り立つ。お金を払っているから、面白くもない仕事の話に、女性が聞く耳を持ってくれるのだ。これをモテているなどと思ってはいけない。

さて、色気のある男は、たとえ肩書きが良く、収入も良かったとしても、それを言ったところで興ざめされるのを知っている。だからマイナスになることはあえて口にしない。

そんなことを言わなくても、その場を楽しめるし、女性のハートをつかめる自信がある。だから言わないのである。このような好循環をつくり出せる男を目指そう。

肩書きも、あとから漏れ聞こえるように、バレるくらいでちょうどいい。

これ見よがしに自慢してしまっては、興ざめされ、さらには肩書き負けした「つまらないキャラクター」として見下される。

そんなミスは、絶対に犯してはならない。

「付属パーツ」なんかで勝負するな!

その「キャラ設定」に無理がある

色気のない男のなかには、とかく揚げ足とりの男が多い。

しかも、自分では、揚げ足をとっているという自覚はなく、紐解くと「自分の居場所づくり」が目的のようである。

賢いキャラ、インテリキャラ、よく気がつくキャラに自分を見せたい。そんな人は用心したい。

さらりと、あるいは豪快に笑いにもってゆくべきところを、まじめに正否チェックをして、「ここが間違っている」「あそこがおかしい」などと突っ込む人がいる。

もちろん、話題を盛り上げるための、ウケ狙いのツッコミならばよい。

しかし、本気の正否チェックは、はなはだ寒々しい。

あるいはメールで正しくない部分を、たとえば文章の一字一句の間違いを、好意のつもりで修正指摘する際も気をつけたい。それがSNSなどの場合は取り返しがつかないことになる。

特に文字で相手に伝わる場合、「神経がおかしな人」だと逆に思われかねない。

自分のほうが賢い。知識もある。

そのように思っている人こそ、逆に空気を読まずに指摘をしてしまい、かえって「頭が鈍い」印象を与えてしまうことがある。

生理的に人から嫌われ、避けられてしまっては、色恋沙汰どころではない。色気以前の問題である。

さて、もう一つ。

「文句言い」な男は異性からだけでなく、同性からも嫌われる。

やはり、色気があるない以前の問題となる。

インテリキャラで押そう、あるいはしっかりキャラで押そう。そんなふうに思っている、管理職キャラの方。そういう人は特に気をつけたい。

あなたのよかれと思っている気のまわしが、実は周囲から歓迎されていないどころか、嫌われ避けられている可能性がある。

もっともっとバカになって、自分をいじらせる、突っ込ませるくらいの寛容さが必要だ。

色気は適度な〝バカキャラ〟から立ち上る

過剰な自意識を捨てると奇跡が起きる

パーティや合コン、あるいは街の出会いの場で女性と話すときに、いちいち構える男性がいる。

誰もその人のことなど気にしていないのに、ひたすら「どう思われているんだろう?」と自意識過剰になる男性である。おそらくスペックが低いことが、気になっているのだろう。

しかし、身なりを整え、その場を楽しむ姿勢があれば、女性はそれほどアラ探しなどはしない。女性だって、自分が楽しむことに精一杯なのだ。あなたの不安も、あなたの不慣れさも、そしてイケてなさも、どうでもよいのである。

さらにもう一つ。

「出会えるかな、いい人に出会えるかな」「彼女できるかな」——そんなことばかり考えて、それが顔にあらわれるようなことだけは避けたい。

そんな精神状態が〝崖っぷちオーラ〟を醸し出す。**あなたはその場を楽しみ、会話を屈託なく展開し、あとは連絡先を交換し、ひたすら友達をつくればいい。それが「構えない」ということだ。**

自信もない。センスもない。会話もおぼつかない。そんな男性が萎縮して、申し訳なさそうにしている姿はもっともいただけない。

そんな男と、誰がつきあいたいと思うだろうか？　とくに競争率の高い、モテる女性であるならば、たとえあなたが大会社の御曹司や開業医であったとしてもスルーするだろう。

「女性かあ、緊張するなあ」
「女性かあ、彼女になってくれるかなあ」
「女性かあ、うまいこと口説けるかなあ」

こんなふうに、いちいち構えることから卒業しよう。

構えたとたん、対人関係あるいはコミュニケーションの不自然さが露呈し、痛い空気が漂う。

彼女たちは女である前に同じ人間なのである。人間として自然体で向き合う。そのためには自分が楽しむことである。

あなたが楽しめば楽しむほど、生まれながらに備えている「オスの色気」が少しずつ、少しずつ醸し出されるのである。

誰もあなたのことなど、気にしていないのである。自意識過剰をやめて、目の前の一瞬一瞬に陶酔し、楽しみ切ろう。

あなたが心底、その場を楽しめるようになったとき、男の色気があふれ出るだろう。

女にいちいち構えない

〝にわか遊び人〟が陥りやすい罠とは？

色気のない男、モテない男、それでいて、そのことに気づいていない男がやりがちな行動がある。

それが、「すぐに血眼になって口説く」というアクションだ。

口説くこと、好意をあらわすことはいいことだ。

しかし、あまりに品格がなく、しかも関わるすべての人々に、不快な思いをさせるやり方。自分は肉食で、イタリアメンズのように思われているという勘違い。

周囲からの評価はそれほどキレイではない。

色気を感じさせる艶やかさとも無縁である。そこにあるのは飢えたハイエナの空気。食い散らかしたがり屋の、下衆な空気感だけである。

「つきあってほしい」

そう言って仕事の関係者だろうと、紹介者の近しい人であろうと、手当たり次第に声をかける男。しかもその事実が、あちこちから漏れ聞こえてくる。それが自分の会社の直属の部下や取引先だとすると、紹介者はもちろんいい気分はしない。

そして運良く男女の関係になったとしても、さらに、ほかの女性にも「つきあって」と言い続けるので、二股疑惑などで必ず揉める。

周囲の男性はまさに不快である。その男が遊び仲間であれば、楽しい輪のなかから女性が消えてゆくからだ。

この手の男とつるむことで、「あの集団は下衆な女食い集団だ」という噂も生まれる。それはときに社会的立場も揺るがしかねない。

青春時代にきちんと肉食の群れのなかで揉まれ、磨かれ、鍛えられたことのない、にわか遊び人が、こうした「崩れたバランス感」で、口説きや交際申し込みをする。

女性をほめたり、軽くモーションをかけるのはいいが、「つきあおう」と手当たり次第に声をかけるというのは、まずい。フェロモンや、色気どころの話ではない。人間関係の土壌を土台から破壊してしまう。

私は10代の頃からこのようなタイプの男性を何人も見てきたが、かなり危険で迷惑な生き方と言える。

彼らのほとんどは、壊れるのが先か、人から避けられるのが先で、果ては孤独の淵に追いやられ、無残な人生を送っている。

どうすればいいのか？　あなたはもうおわかりのはずだ。

周囲のことを考えた後味の良い遊び人になり、みんなが幸せになる優良な色気を醸し出す。

そんな男を目指そうではないか。

恋の乱獲者は色気男失格

「けじめ」と「メリハリ」をつける

“色気のない男”はなぜかけじめがない。

いかに女性を口説くのが得意でも、生き方にけじめがない男は、どこかサッパリとしない空気が漂う。だらしないような、不潔なような、薄汚れた空気が漂う。

その、けじめのなさは日常生活の至るところであらわれる。酒に酔って、ネガティブな言葉を吐き、周囲にからんだり、悪態をつく。**自分に甘いからこうなる。**

酒癖の悪さは女性の気持ちも、一気に冷めさせる。陽気なバカさ加減ならまだ愛せるが、ネガティブで好戦的な酒癖の悪さは「破壊的な人生」を想像させる。

色気を漂わし、女性を魅了するという行為は、いわば常識を飛び越える「越境行為」。

ルールや常識を超えた言動の確信犯になるということだ。さらには相手の女性にも、常識逸脱へのいざないを提案するアウトローアクションである。

だからこそ、ルールが必要なのだ。そのまま暴走してしまっては、大変なことになる。

けじめ、メリハリを自分なりに設け、自分を律する精神性が必要となる。

ただ酒を食らい、金をばらまき、女性を片っ端から口説いて、休日は昼に起きる。

信念のある仕事も持たず、誰かを楽しませたい、幸せにしたいという気持ちもない。あるのは「自分の欲望だけ」。

こんな生活をする男からは、次第に「色気」は消えうせる。色気は緩急のギャップ、振れ幅から生まれる。ゆるみ切った生活・精神から色気は生まれない。

一方、仕事を切り離せないタイプもいる。これもけじめ・メリハリのないタイプの一人である。

仕事をしっかり終わらせ、「さあ、これからしっかり遊ぶぞ！」といった、けじめのない男に、色気のある男はいない。いつも仕事のことが頭から離れず、はしゃぐことも、バカになることも、心の底から笑うこともできない。

それが血色の悪い、死んだ表情の、若年寄の顔をつくりあげる。

さらにもう一つ。人に迷惑をかけたのに謝れない。そんな男は、いかに着飾ろうとも、どんなに色気があろうとも、その魅力について気づいてもらうことはできない。

まず、人間として嫌われてしまうからだ。

メリハリ、自制心。これは、色気男となるために不可欠な条件となる。

男の色気を漂わすには、一種、ストイックさに似た自制心の「芯」が、心のなかに

必要となる。戦う心が必要となる。

誰と戦うマインドか？　それは自分と戦うマインドである。スポーツ選手や一流ビジネスマンからは、この種の男の色気が立ち上る。

大人の男の色気は「自制心」「克己心」、つまり自分と戦う心から生まれる。

大切なのは、自分との戦いを楽しみ、自分に勝ち続けるということ。男の色気は、この自分に勝った達成感・勝利感の蓄積によって充実した心から立ち上る。

ゆるむだけ、惰性の人生を楽しむだけ。そんな毎日に心当たりのある人は、贅肉のような心とサヨナラしよう。少しキツめのスポーツに挑戦したり、あるいは本気の仕事、本気のライフワークと出合うことで、メリハリのない心は改善される。

ストイックな快楽を味わおう。それがあなたの色気の素となるはずだから。

自分に勝てない男からは、大人の色気は立ち上らない

カッコよさのかけらもない「ウソをつく男」

嘘をついて、女性を口説こうとする男。

そういう男からはどこか薄っぺらい、そして汚れたオーラが漂う。

抱いた下心を満たすために、相手の真心を踏みにじることを選ぶ「切羽詰まったオーラ」が垂れ流しになる。

「餓鬼の絵」のごとき、下衆な空気感。ダークサイドの影の憑依に本人は気づかない。

たとえば周囲にも、「俺は独身ということにしておいて」――そうして「嘘」をつくことを強要する。

周囲は「どうやって〝それはよくない〟と言おうか?」と無駄なエネルギーを使い、疲弊する。もしくは一緒に嘘つきになり、コソ泥の集団の一味となる。

このような男から、「男の色気」が漂うことなどはない。それは、端から女性を陥れようとする、悲しませようとする思考があるから。

男の色気は女性を楽しませる、良い思い出をプレゼントする、あるいは共有するという気持ちにしか宿らない。

結婚していることを言う。彼女がいることも言う。お金持ちではないことも言う。

ほかに女性がいることも言う。キミのことは好きだけどつきあえないと、さらりと言う。人生のピンチに直面していることを言う。

そうしたうえで女性を口説く。それが正しい。

痛い男は嘘をつく。あるいは無理をする。

結婚しているのに、していないと言う。彼女がいないと言う。彼女にするつもりもないのに、「つきあおう」と言う。お金があるフリをする。女性の存在を隠す。好きでもないのに気を持たせる。ピンチなのに余裕ぶる。

「そうしないとモテない」——それが彼らの言い分だ。その反面、漂う軽薄なオーラのせいで、いつまで経ってもモテない。絶えないトラブルで疲弊し切る。被害妄想に陥り周囲の悪口ばかり言うようになる。人生が傾く。悪循環である。

こんな男は「遊び人」をやめたらいい。美学を持った遊び人としては、「一緒にされたくない存在」である。

女性を幸せにする色気男を、あなたには目指していただきたい。

したがって、つきあうつもりのない女性に「つきあおう」と言って、ベットに誘い込むような下衆行為はいっさいやめていただきたい。

「つきあって」と言ってベッドイン。目的を達成し、その後、すぐに別れを切り出す。

そして、女性が傷つき、トラブル寸前になり関係を切る。

このような男が絶滅することを私は願う。パーティなどに呼びたくない男だ。こういう男が一人いるだけで、その場は枯れ始める。主催者としても「そのレベルの嘘つきハイエナの中心人物か」と思われる。女性の輪も壊れ、まさに百害あって一利なしなのである。

肉食だから……などと言って洒落にできる話ではない。ペンペン草も生えない不毛な状態をつくり出す、この害虫の駆除を私は何百回と繰り返してきた。**色気男になりたければ「嘘」はやめたほうがいい。人生の大切な縁まで失ってしまいかねない。**

ウソをついた瞬間 色気は下衆なオーラに変わる

実は強い群れに相手にされない「自称一匹狼」

「一匹狼を過剰に自称する男性は少々怪しい」——これは私の持論である。

私が見る限り、「仲間で楽しい青春を過ごせなかった過去を、正当化する人が多い」気がする。

「ひとりぼっちの自分でした。でも、それでもこうやって生きていけるのです」なら、わかる。ただし、仲間を否定し、友情を否定する。そんな人には何かがある。触れられたくない何かがある。しかも、いまだに克服していない闇。

自分の人間性の低さが原因となって発生した、「疎外感」を克服し切れていない。自分の悪いところも、直し切れていないことを意味する。

たとえば発言に矛盾が多く約束が守れない。気分にムラがある。バカになれない。精神的に幼く、臆病で自意識過剰である。

それが原因で青春時代に一度や二度、群れから干されている。

あなたにも心あたりがないだろうか。**干されて悪いところを直さずに、そのまま「一匹狼のほうがいい」と言っているようでは、オスとしての成長は期待できない。**

大好きな仲間と一緒に楽しめる。でも、いざというときは一匹狼にもなれる。みんなともワイワイお祭り騒ぎできる。神輿も担げる。一人の時間も好き。

なぜ、そういう理想をあきらめるのか。

過去のトラウマから逃げる、拗《す》ねた一匹狼を卒業しよう。


こういう人は、会社組織で仲間を得たときにホッとする。自分が干されない環境を得るからだ。無視されない環境を、会社のしくみが与えてくれる。もうビクビクすることもない。だから、生活が会社の仕事一色になりがちだ。プライベートでの友人との切磋琢磨は10代からほぼない。怖いのだ。

会社が与えてくれた群れ、それは利害関係に埋もれた人生を選ぶことを意味する。そのなかでしか生きられない。

本当の人間の味を知らずに年をとる。そして人生のラストシーンでこう叫ぶ。

「もっと友達を大切にすればよかった」

かく言う私は一匹狼派の人間だ。そんな人間でも思う。**仲間力は男の力、男の魅力を養うためにはとても重要なものであると。**

群れの動物である人間。オスの荒々しい群れのなかで力を合わせられない。

それは「オス力の欠如」をあらわす。色気どころではないのである。

とはいえ、自分に合う群れ、合わない群れがある。自分で自分の居場所とする群れを選ぶ必要はある。私にも苦手な群れはある。その群れからしたら、はぐれものである。

しかし、自分が最も光る群れも知っている。そういう群れを愛している。そこでは自分を群れの一部として捧げる。同時に群れからパワーをもらう。そうして「オスの色気」を磨いてきた。

男の色気は、自分が最もオスらしくいられる群れを探し当てられるかどうかにかかっている。

一匹狼でいられるかどうかに、あまり傾倒しすぎないほうがよい。

どう立ちまわるかはあなた次第である。

仲間力が男の色気を増強する

著者紹介

潮凪洋介（しおなぎ・ようすけ）

著者・作家
著書74冊・累計173万部。「サードプレイス啓蒙」「恋愛文化の発展」をテーマに出版。
著書『もう「いい人」になるのはやめなさい！』（KADOKAWA）は、シリーズ累計21万部突破のベストセラーに。
「心の壁を壊し、生きることを楽しもう」をステートメントに掲げ活動している。

YOSUKE SHIONAGI
OFFiCiAL WEBSiTE

潮凪洋介 TikTok

読むだけで
自分の壁が壊れる
心が自由になる
朝レボ
（毎朝8時メール配信・無料）

「男《おとこ》の色気《いろけ》」のつくり方《かた》　〈検印省略〉

2015年　6 月 22 日　第 1　刷発行
2025年　5 月 23 日　第 21　刷発行

著　者――潮凪 洋介（しおなぎ・ようすけ）
発行者――田賀井 弘毅

発行所――株式会社あさ出版
〒171-0022　東京都豊島区南池袋 2-9-9 第一池袋ホワイトビル 6F
電　話　03（3983）3225（販売）
　　　　03（3983）3227（編集）
F A X　03（3983）3226
U R L　http://www.asa21.com/
E-mail　info@asa21.com
印刷・製本　美研プリンティング（株）

note　http://note.com/asapublishing/
facebook　http://www.facebook.com/asapublishing
X　https://x.com/asapublishing

ISBN978-4-86063-729-3 C2034